yuitopia

YUI KANNO

yuitopia【ゆいとぴあ】

菅野結以のフェイバリットを詰め込んだ理想郷＝
ユートピアな世界の全貌をお見せする本の意。

ビューティー、ファッション、カルチャー、ラブ…
これまで出会ってきた、本当にいいものだけ。

顔に髪につま先にからだに脳にこころに
必要不可欠な"meets"をここに全公開します♡

CONT

P012 … うるませ&にじませ MAKE

P028 … Ever-changing HAIR

P039 … SWEET ICE CREAM

P042 … Bright&Clear Skin

P048 … 女っぽネイル

P050 … Elastic Body

P057 … 結以 bot.

P058 … Ambivalent Fashion

P067 … Create

P070 … Book the broader my world will be

ENTS

P072 ⋯ BEAUTIFUL MOVIE

P078 ⋯ MUSIC which a life was changed

P081 ⋯ Radio

P082 ⋯ Loneliness LOVE

P084 ⋯ Unusual Make

P089 ⋯ GAL

P092 ⋯ LARME

P100 ⋯ 菅野結以一問一答

P104 ⋯ 菅野結以ってこんな人♡

meets to うるませ＆にじませ MAKE

ナチュラルメイクが基本でも、ただ薄いだけじゃなく愛らしさは出したい。
だから今はうるませ＆にじませポイントを足して、ほんのり色気も意識してる。
ツヤツヤと潤いつつ自然な血色感もあるのが、女らしい色っぽさの秘訣♡

ほどよい血色＆潤いが両立する愛されフェイス♥

BACE MAKE-UP

ベースメイクからうるませ&にじませポイントをMIXして、
内側から潤っているようなツヤ感のある肌に変身させて。

思わず触れたくなるようなうるみ肌が理想♡

Use Item

A ポール&ジョー モイスチュアライジング ファンデーション プライマー S
01 30ml 3,500円+税／ポール&ジョー ボーテ

B SK-Ⅱ オーラ アクティベーター CCクリーム
UV効果の高い下地。30g SPF50+/PA++++ 8,500円+税（編集部調べ）／SK-Ⅱ

C ヘレナ ルビンスタイン マジック コンシーラー
潤いを保てるリキッドタイプ。02 15ml 5,000円+税／ヘレナ ルビンスタイン

D ロレアル パリ リバイタリフト アイロールオン
目元の潤い補強に。美容液ベース 15ml／モデル私物

E MiMC ナチュラルホワイトニングコンシーラー
保湿力のある3色入り。[医薬部外品] SPF32/PA++ 5,500円+税／コスメキッチン

F rms beauty リップチーク
内からじゅわっと上気した頬に仕上がる。ビーラブド 4,800円+税／アルファネット

G MiMC ミネラル クリーミーチーク
淡い色が肌に馴染むピンク系クリームチーク。01 3,300円+税／コスメキッチン

H rms beauty ルミナイザー
ナチュラルな発光感を表現できる潤いハイライター。4,900円+税／アルファネット

I ナチュラグラッセ マシュマロ パウダー
繊細なパールが入ったフェイスパウダー。15g 3,800円+税／ネイチャーズウェイ

1
Aの下地を顔全体に薄く伸ばしていく

保湿効果の高いAの化粧下地を顔全体に薄く塗って、潤いを足しつつトーンアップさせます。

2
BのCCクリームは顔の中心だけでOK

BのCCクリームをファンデとして使用。顔の中心しか塗らないからちょっとだけのせて。

3
2でのせたCCクリームを極薄に伸ばすよ

顔を正面から見たときの三角ゾーンだけカバーするイメージで、CCクリームを薄く伸ばす。

4
潤い効果の高いコンシーラーを2色混ぜて色作り

CとDのコンシーラーを1:1くらいの割合で、手の甲で混ぜる。保湿力の高い液を作るよ。

5
4で作った液を極薄にのせて伸ばします

小鼻の横や目の下のクマなどくすみが気になる部分を、4で作ったコンシーラーでカバー。

6
固形コンシーラーは目頭の下だけでOK

Eの右上の色をブラシに取り、目頭の下の三角ゾーンだけカバー。厚くならないように注意。

7
クリームチークも薬指で2色混ぜる

FとGを1:1の割合で、手の甲で混ぜてお気に入りの色を作る。混ぜるときは薬指で優しく。

8
自分色にしたチークを両頬にのせて♡

7で混ぜながら指についたチークを、そのまま薬指で頬の高い位置にちょんと軽くのせる。

9
中指でチークをのばすのがポイント！

チークがついてないキレイな中指で、8でのせたチークを馴染ませると自然な仕上がりに。

10
ハイライトは指で少量つけて潤いを！

Hのハイライトを指に少量取って、鼻の付け根、目頭、Cゾーン、唇の上にちょんとのせて。

11
お粉は手の甲でポンポンはたく

お粉はとにかくちょっとでいいので、Iのお粉を手の甲で一度落として量を調整します。

12
パフに残ったお粉をTゾーンにのせる

テカリやすいTゾーンを中心に、軽く抑えるだけ。ひと手間でふわっとした質感の肌が完成。

POINT MAKE-UP

にじんだ血色感がポイントの頬や口元、ヌケ感のある目元など、ナチュラルだけど色っぽく見せるのがこだわり♪

A インテグレート ビューティートリックアイブロー
4色入りで色の調整が可能。BR73 1,000円+税（編集部調べ）／資生堂

B ジルスチュアート ジェリーアイカラーN
透明感のある輝き。05 2,200円+税／ジルスチュアート ビューティ

C ル・ペラン・ミニオン ワンストロークアイブロウ
赤みブラウンが今の気分。ラズベリーブラウン 1,480円+税／ジェイ・ウォーカー

D rms beauty リップチーク
自然な赤みが魅力的。ビーラブド 4,800円+税／アルファネット

E モテライナー リキッド
繊細ラインも思いのまま。引力のある目元が完成。ブラウンブラック／モデル私物

F M・A・C スモールアイシャドウ
目元に深みをもたらすマットなゴールドブラウン系。エスプレッソ／モデル私物

G クリニーク ラッシュ パワーマスカラ ロング ウェアリング フォーミュラ
短いまつげも逃がさずにキャッチ。3,500円+税／クリニーク ラボラトリーズ

H アンジュリップシロップ CHERRYBOM
美容液配合でプルプルに潤いつつしっかり発色♪ 1,200円+税／baby+A

I まつげくるん 回転コーム
回転コームで理想の上向きカールに。EH-SE60 VP／モデル私物

Use Item

ほんのりにじませた血色カラーに色気を込めて

1

まゆ全体にパウダーを薄くのせて
髪色に合う色を作るよ。Aのパウダーをブラシに取って混ぜたら、まゆ全体にパウダーをのせる。

2

ペンシルで描くのはまゆ尻のみです
次にBのアイブロウペンシルでまゆ尻を描き足すよ。赤みのあるブラウンが最近のお気に入り。

3

アイシャドーは脇役なので薄め
指にCのパール系シャドーを取り、上まぶた全体に薄く伸ばす。ツヤ感を出す程度でOK。

4

下まぶたにもツヤを足しまーす！
下まぶたにもCのシャドーを指でのせて、ツヤ感アップ。目尻側をやや広く、全体的にオン。

5　Point

血色カラーを足してにじませポイントに
Dを指でラフに、上下の目尻側にのせる。黒目から目尻に向かって広げるイメージで足して。

6

アイラインは極細に上まぶたオンリー
Eのライナーで、上まつげのキワに沿って極細に描き、目尻側はそのまま自然に伸ばします。

7

ぼかしを足すことでグラデ感が増す♡
Fのブラウン系シャドーでアイラインをぼかすのが大事。マットな質感のモノを使うのがカギ。

8

マスカラの前に上下のまつげを整える
マスカラを塗る前に、手持ちのコームを使って、上下のまつげの毛流れをキレイに整えるよ。

9

まつげは先細り風を目指してるよ！
Gのマスカラを上まつげの根元中心に塗り、毛先はブラシをスッと抜くように細く塗っていく。

10

下まつげも先細り＆セパレート命♡
下まつげもGのマスカラで根元を中心にオン。毛先が極細になるように丁寧に仕上げます。

11

ホットビューラーで下まつげをカール
上まつげはまつげカールをしてるので、Hのホットビューラーは下まつげだけに使うよ。

12　Point

ブラウンのシャドーで目尻をにじませる
Fのシャドーを平ブラシに少量取ったら、下まぶたの目尻側にだけ足して目元に深みを出す。

13　目が完成！　Point

アイメイクは繊細かつ色っぽく赤みを差して
アイメイクが薄くなったからこそ、繊細さが重要！にじませポイントが効いてくるよ♡

14　Point

血色カラーをリップに指で直塗りする！
赤みのある血色感に仕上がるようにEをオン。唇の中心部分に、指でポンポン馴染ませるよ。

15

赤系リップグロスを唇全体に重ねる
Iのグロスを唇全体に直塗りして、さらに赤みをプラス。2色重ねることで立体感を出して。

うるませ&にじませMAKEのポイント

ツヤ感を意識した「うるませ」部分、血色を足した「にじませ」部分、それぞれのメイクポイントをチェックしてね！

にじませシャドー
赤み系カラーを目元ににじませたことで、泣いたあとのようなうぶな印象を演出。ラインもシャドーでにじませて引力のある目元に。

うるませハイライト
クリーム系のハイライターはうるみ肌のポイントコスメ。肌のツヤを出したいところに薄くのせていくだけでうるみ肌が完成するよ。

うるみリップ
ツヤツヤと潤ったうるみリップは、美容液も兼ねたグロスを重ねて、ツヤ感だけじゃなくぷるんとした立体感を意識したのが決め手。

うる肌ベース

みずみずしいつけ心地や保湿力にこだわった化粧下地やファンデーションを使い、素肌感を生かすことでうる肌ベースに仕上がるよ！

コレもオススメ！

A.アディクション ティンティド スキンプロテクター 01 30g 4,500円＋税／ADDICTION BEAUTY　B.パーフェクト メイクアップ プライマー 01 30ml 4,500円＋税／ポール ＆ ジョー ボーテ　C.トップ シークレット モイスチャーエクラ 40ml 8,000円＋税／イヴ・サンローラン・ボーテ　D.ベイビーフェイスクリーム 30g 2,300円＋税／baby+A

にじませパウダー

パウダーはほんのりパール感をにじませるのがお気に入り。極薄にのせるので、ふんわり軽い使用感の微粒子パウダーがベストです！

コレもオススメ！

A.プレスト フェイス パウダー 02（セット価格）5,000円＋税／ポール ＆ ジョー ボーテ　B.カネボウ フェースアップパウダー（ミラノコレクション2016）／モデル私物　C.ルースセッティングパウダー トランスルーセント 4,400円＋税／ローラ メルシエ　D.クリスタルルーセント フェイスパウダー 04 5,000円＋税／ジルスチュアート ビューティ

にじませチーク

パウダーをのせる前にクリームチークを仕込んで、ほんのりにじむような血色感に仕上げてるよ。色も自分のオリジナル色にしています。

うるませ＆にじませになるまで…♥

今の私がたどり着いたメイクは、特別すっごくかわいく盛りたいとかでもなく、陰影をしっかりつけて美しく仕上げたいとかでもない、「うるませ」＆「にじませ」ポイント＝ヌケ感のある色気を足したメイクです。自分の中では、「スキ」＝色っぽい、「ヌケ」＝愛らしいと思っていて、あえてそういう部分をたくさん見せることで女らしい色っぽさにつながると信じてます。完璧な美しさよりも、「スキ」や「ヌケ」があるような、うぶ感のあるメイクが一番女の子をかわいらしく見せてくれるのでは？　と今は思ってる♡ 常に内側が潤ってるようにツヤツヤしていたいから、メイクでも「うるませ」たいし、ほんのりの血色感が色っぽいと思うから、メイクでも赤みを「にじませ」ようってだんだん進化したのが今のメイク。ゆるくて肩ひじはらずにできるのも今のメイクの特徴かな。メイクって常に自分の気持ちや願望が反映する鏡だから、変化も楽しみつつ、まだまだ奥深いメイクの世界にハマっていたいなって思います♪ by 菅野結以

kamicosme 1

▶item

baby+A アンジェリップシロップ CHERRYBOM

ベイビアのグロス美容液は、常に10個くらい家のいろんな場所に置いてある。冬はどのアウターのポケットにも入ってます。これを塗るだけで角質ケアをしなくてもOKになった！ 神コスメ中の神コスメで不動のNo.1です!!

CRERRYBOMは自然な血色感が色っぽいから好き♪ 1,200円+税／baby+A

kamicosme 2

▶item

rms beauty ルミナイザー

一度使ったらやみつきになる、今っぽいツヤ肌を作るのにマストなアイテム。小指でツヤを出したい部分にのせるだけで、メイクで作ったものじゃなく、もともと潤っているようなツヤ感が出せるから仕上がりもとっても自然なの♡

オーガニック成分配合のマルチハイライター。4,900円+税／アルファネット

ぜーったい手放せないっ!!

マイ殿堂 神コスメ

コスメ選びには強いこだわりがあるけど
とことん惚れぬいた逸品もあるんです！
絶対に手放せない結以的神コスメ7つを発表♡

kamicosme 3 ▶item
モテライナー リキッド TAKUMI ブラウンブラック

織細で優しいタッチの筆先は熊野の職人によるこだわりの作り。／モデル私物

フローフシは企業理念が好きで、もの作りに対する考え方にシンパシーを感じる。だから新作は絶対試します！NEWモテライナーは、より描きやすくにじみにくくなった。この色は引力のある目にしてくれる♪

kamicosme 4 ▶item
アディクション ブラッシュ リベンジ

発色の良さとマットな質感が人気の定番カラー。2,800円＋税／ADDICTION BEAUTY

チークはもちろん、目元に使ったり、まゆパウダーの上から重ねたり、リップもちょっと足しただけでマットな仕上がりになる。血色をのせたい部分に使える、万能パウダーです。にごりのないキレイな赤だから使いやすいの。

入り7

kamicosme 5 ▶item
ポール＆ジョー モイスチュアライジング ファンデーションプライマー S01

肌色をトーンアップするピンク系。30ml 3,500円＋税／ポール＆ジョー ボーテ

自然に馴染んで肌をワントーン明るくしてくれるし、薄づきなのにくすみも取れる！ ピンクっぽいパールの効果で、赤ちゃんみたいなもも色の肌になれちゃう♡ 保湿力が高いから、次にのせるファンデのノリも良くなるよ。

kamicosme 6 ▶item
ヘレナ ルビンスタイン マジック コンシーラー 02

クマも肌の色ムラも自然に隠せる。15ml 5,000円＋税／ヘレナ ルビンスタイン

やわらかいテクスチャーだからシワになりにくいし、ヨレにくい。何より少量でもカバー力がすごいのが嬉しい。少ししか使わないから長持ちするのでコスパ抜群だし、リキッドタイプでツヤ感を残しつつカバーできるのも魅力♪

kamicosme 7 ▶item
MiMC ビオモイチュアスティック

メイクの上から潤いをチャージできる保湿ケアスティック。3,300円＋税／コスメキッチン

バームとオイルの間のようなテクスチャーで、乾燥してるなって感じたら、メイクの上からでも潤いを足せるし、お直しにすごく便利！ しかも厚ぼったくならずにしっかり保湿してくれるよ。いつも持ち歩いてる、お直し神コスメです♡

甘めガールもときにはクールにキメたい

GOTHIC MODEMAKE

甘いメイクも好きだけどたまに変身したくなるのが
退廃美のあるゴシックモードメイク。スモーキーな目元に
艶やかな赤リップで危うい美しさを表現します。

How to
Aをアイホール全体と下目尻1/3に軽く伸ばしてスモーキーな目元を作成。ダークな色で目元がくすんで見えないように、淡ピンクのBを目頭から目の下の逆三角形ゾーンにかけて軽く塗布し、くすみをオフ。Cで上ラインを細めに描けば完成

A まばゆい光と色で目元を彩る/THREE シマリングカラーヴェール25 3,500円+税/THREE B パールかきらめくベージュピンクフェアディグジョンザブリシャドウマイベイビー 2,000円+税/ADDICTION BEAUTY C にじまずョレにくい マルチプルフラッディングリキッドアイライナーブレイブルコレクションミスティカルサンセット 2,500円+税/DAZZSHOP

コスメ中毒発令中♥
COSME HOLIC

気付けばこんなに集まってたというほど、私のメイクに欠かせない
リップとピンクベース。中でも特別に大好きなモノを紹介します。

Meets to…
Ever-Changing
HAIR

撮影でアレンジがしたい、私はそのためだけに髪を伸ばしてる。

退屈は何よりの敵だから、いつもの自分を壊してくれる

新しいときめきをくれるヘアアレンジをいつも探してる。

「ま、いっか」なんてもったいない。

もっと貪欲に、もっと欲張りに毎日を楽しむために

ぬかりなくかわいいを詰め込んだ最新・結以ヘアのすべてをご覧あれ♡

“かわいい”を底上げする

結以のヘアテクニック

結以の基本ヘア大解剖!

これがスタンダード

撮影以外の私はストレートで過ごしていることがほとんど！ いつもはお見せできない完璧"素"の結以ヘアを前髪の幅からレイヤーを入れる長さまで、徹底的に解説します！

こだわり 1 前髪はセルフでメンテナンス

前髪と顔まわりはちょっと伸びてくるとセルフカット。まっすぐ下ろしても斜めに流しても大丈夫なように細かく調整。無印良品のヘアカット用はさみは常にバッグにINしてる♡

Bangs
幅：14.5cm
長さ：11cm

前髪は巻いて目の上にくるくらいの長さが理想なので、巻いてない状態だと約14cm。細かいレイヤーでサイドの短い髪につなげてるよ。

Front & Side

全体の長さ：42cm
あご下のレイヤー：
1段目 18cm
2段目 26cm
3段目 34cm

トップから毛先までは42cm、レイヤー部分はあご下から約8cm間隔で段を入れてる♡ 首まわりがすっきり細く見える効果アリ♪

こだわり 2 レイヤーたっぷりの丸みストレート

アレンジした時に顔まわりにおくれげが欲しいから、あご下から独立したレイヤーを3、4段入れてるよ。顔を包み込むような毛先ワンカールで丸みのある自然なストレートに♡

ふわ〜んと毛先がくねん〜

\\360°ぐるっとヘア見せ！//

結以

ヘア

を

こだわり
3 カラーは透明感が出る ラベンダーグレージュ

U-REALMのスタイリスト福永さんから「オレンジを抑えると透明感が出る」と言われたので、最近は寒色系カラー率高め。今はラベンダーにベージュを足したグレージュです♡

こだわり
4 結以ヘアはU-REALMで作られる！

15年近く通ってて、担当はずーっと福永さん。私の希望を聞きつつ、扱いやすいスタイルを提案してくれる頼もしい存在。特に、カラーはコンセプトとか狙いたいポイントがいつもしっかりしているから、心から信頼できるんです♡

福永圭祐さん

【SALON DATA】東京都渋谷区神宮前5-6-13 ヴァイス表参道2F ☎03-5778-0529

------ Back style

全体の長さ：50cm
一番短い部分：30cm

後ろの髪を前に持ってきたときに厚みが出るように、前上がりにカット。耳後ろから真ん中までゆるやかにつながるように段が入ってるよ。

こだわり
5 月に1回はサロンでトリートメント

毎日アイロンを使うから痛みがち。ダメージに合わせて薬剤を配合するU-REALMのoggi ottoっていうオーダーメイドのトリートメントがお気に入り。

Back

いつも持ち歩いてる♡
HEAD ACCESSORIES

気分でヘアチェンジしたくなるから、ヘビロテのヘアアクセはポーチに入れて持ち歩き。気づけばこんないっぱいになっちゃった！

Ribbon

Barretta

Fur

Gold pins

A〜Dリボンは私の鉄板。チュール、サテン、ベロア、レースなど、素材別にコレクション♡ ユザワヤのリボンコーナーや、ハンズのラッピング用品売り場で探すことも。E Crayme,のリボン型パールバレッタ。F パッとつけられるヘアクリップはフォークロアな雰囲気漂うフェザー。G Crayme,のレザーバレッタは秋冬に大活躍。アレンジ好きだから、ヘアアクセは毎シーズン充実♡ H シンプルコーデにも取り入れやすいピンクバレッタは Crayme,のもの。I・J MocA-Tokyoのファークリップ。K 元々はピアスだったファーもヘッドアクセとして愛用。L LIZ LISAとコラボして作ったローズバレッタ。M 赤が好きだから、差し色が欲しいときに。N 今一番好きなのが金ピン。ピンケースに入れてたくさん持ち歩いてる。O MocA-Tokyoの月型ピンは1つで華やかさUPする優れもの。

STARTING from hair
ヘアアレンジから始まる今日の私

アレンジ大好きな私が、今みんなにオススメしたい9スタイルをご紹介。ヘアが決まれば1日がHAPPYに過ごせるよね♥

Braid

ドーリー度が加速する

裏編み×ツインテール

編む時に毛束を上に重ねるんじゃなくて、下に重ねていくのが裏編み込み。三つ編みが立体的になって女の子度がぐぐっと高まる♥

SIDE

BACK

PROCESS

6 ピンに大きく結んだリボンを付けたものを2つ準備しておく。両耳上の位置に挿してできあがり♪

5 結び目を下から締め上げたるませる。ねじれた部分から毛先を少し引き出すと、ふわっと仕上がる。

4 結んだゴムを少し下にずらし、たるませる。結び目の上を指で2つに割って、毛先を通してくるりんぱ♡

3 編み目から髪を引き出してほぐす。残りの髪を2つに分け、編んだ毛束と合わせてツインテールに。

2 トップをラフに左右に分ける。前髪の表面を入れ込みながらそれぞれ耳まで裏編み込みに。

1 まずはベース作り。32mmのアイロンで平巻き2回転。リバース&フォワードでカールを全体につけていく。

Ribbon

360°どこから見ても
とことんガーリー♡

リボンは編み込んだり、適当に巻きつけるだけでもすごくかわいい♪ 2種類のリボンを使って作る究極スイートなアップスタイル。

SIDE

BACK

PROCESS

6	5	4	3	2	1
右側に垂らしていたリボンを右耳の後ろで大きく結ぶ。前髪に金ピンをクロスで付けて完成です♡	編み込みの毛束も左右それぞれ耳裏に持ってくる。内側にピンを挿して留め、アップヘアを作る。	後ろの2本の三つ編みの毛先を後頭部に持ってきて、毛先を内側に折り畳むようにしてピンで固定する。	三つ編みはくずすのが鉄則！ 編み目の内側から毛を少し引き出すと、立体感のある編み目になるよ。	後ろを向くとこんな状態。右ハチ上のリボンは長めに残し、ほかはそれぞれ適当に結びつけてOK。	ハチ上にリボンを通し、サイドの髪と一緒に耳下まで編み込み。残りの髪も2つに分けて三つ編みに。

Braid × Cap

**キャップをかぶっても
プラスαにこだわりたい♡**

"かぶるだけ"じゃなく、帽子ありきでかわいいヘアを考えてる♡ キャップから見える顔まわりのおくれげは、「どうやってるの?」って聞かれることが多い、私のこだわりの巻き方です♪

SIDE

BACK

PROCESS

6 前髪の表面をとり、シースルーバングにしたら、こめかみ位置でピン留め。金ピンならこなれ感UP。

5 フォワードに巻いたら、次の束は耳の高さからリバースに。MIXに巻くことで顔に奥行きが出るよ。

4 次はあごにかかる毛束をフォワードに巻いて毛先を内巻きに。顔を包み込むようにするのがコツ。

3 顔まわりは3回に分けて巻くと立体感が出て小顔に見える♡ まず目の高さの毛束を内側に巻いていく。

2 三つ編みにリボンクリップをランダムに付ける。編み目はあえてほぐさないことでカジュアルな印象に。

1 髪全体をセンターパートに分ける。それぞれきっちりした三つ編みを作り、毛先をゴムで結びます。

愛して愛してやまないアイテム♥

YUI's FAVORITE PRODUCTS

結以ヘアに欠かせないヘアアイテムたち。これまでたくさんの物を試してきて、本当に良かったものだけ。ゆえに定番品が多いのです。

Shampoo & Conditioner

\\ 1種類じゃ物足りないから何本も揃えてる！ //

A B C　　D E

オブ・コスメティックス　　　　U-REALM

A ドライ毛なので、高保湿シャンプーでパサつきをケア。シルクエキスをはじめとする天然成分配合でしっとりした仕上がりに。ソープ オブ ヘア 1-Ma 265ml 3,800円+税、B 天然成分が髪に優しいトリートメント。こちらは普段使いに。トリートメント オブ ヘア 2-Ma 210g 3,800円+税、C 髪の毛を酷使したときのスペシャルケアとして。トリートメントスパ オブヘア・S2 210g 4,300円+税／オブ・コスメティックス

D U-REALM開発のヘアケアシリーズ。担当の福永さんが「自信作！」って、オススメしてくれて使い始めたんだけど、毛先までしっとりまとまりやすくなったよ♡ U-REALM サロンクオリティーヘアケア アンバーグレイス シャンプー、E 同トリートメント 各500ml 各1,500円+税／共にスタイルクリエイションジャパン

Out bath

\\ やっぱりこれ！手放せない一本 //

ドライヤー前に使うと、髪がやわらかく仕上がる。モロッカンオイル トリートメント100ml 4,300円+税／モロッカンオイル ジャパン

Styling

\\ ほどよくキープしてくれる //

巻き髪のときに使うスプレー。ふんわりキープしてくれるので、ストレートにもおすすめ。ニゼル ラフュージョン ライトフォグ 175g 1,600円+税／ミルボン

Tool

\\ なりたいヘアによってコテは使い分け！ //

F G H

Love

I

F 猪毛100％だから静電気を防いで、もつれた毛先がサラサラに。メイソンピアソン ポケットブリッスル ¥13,500円+税／オズ・インターナショナル G ナチュラルに巻きたいときは26mm。クレイツイオン カールプロ SR-26、H 毛先だけ巻くなら32mmを使用。同SR-32 各オープン価格／クレイツ 独自技術のバイオプログラミング®効果によりツヤ、潤い、ハリ、コシが蘇るドライヤー♡ I ヘアビューザーエクセレミアム2 HBE2-G 22,500円+税／リュミエリーナ

Meets to

Bright and Clear Skin

内側に水分がたっぷり含まれているような
うるみ赤ちゃん肌を目指して、愛情をかけてケアしたい。
キレイになれって願いを込めて♡

透明感のある結以肌の作り方♡

at Morning
――朝のスキンケア――

毎日のスキンケアはとにかく
ナチュラルにして肌を甘やかさない。
朝のケアは保湿重視です。

STEP 1 ふき取り化粧水で皮脂オフ

さっぱりした使い心地♡ フェイシャルトリートメント クリアローション 160ml 7,000円+税（編集部調べ）／SK-II

ふき取り化粧水をコットンに取り、顔全体をふき取って余分な皮脂だけオフ。朝は洗顔ナシで油分を取りすぎないよう注意。

STEP 2 化粧水をハンドプレス

とろみのあるテクスチャー。ライスフォース ディープモイスチュアローション 120ml 8,000円+税／アイム

とにもかくにも保湿命！ 化粧水がとにかく好きで、ハンドプレスで染み込ませるよ。手で触れることで肌状態を毎日チェック。

STEP 3 毎日数分のかっさマッサージでむくみスッキリ！

時間がないときでもフェイスラインはマスト。フェイスラインに沿って下から上に、耳の方までリンパをしっかり流しリフトアップも意識。

次にこめかみから耳までリンパを流すイメージでかっさを滑らせて。耳上部分は、上から下に流して、スッキリしたフェイスラインに。

STEP 4 朝の仕上げは下地だけ！

保湿効果抜群。オーラアクティベーター CCクリーム 30g 8,500円+税（編集部調べ）／SK-II

メイクをしないですっぴんで過ごす日も、日焼け止め効果のある下地は塗ります。保湿力の高い美容液下地でもちもち肌へシフト。

at Night
――夜のスキンケア――

夜のケアは、肌状態に合わせて
定期的にアイテムを変え、
常に潤った肌を目指してるよ。

STEP 1 オイルで丁寧にメイクオフ

天然潤い成分配合のオイル。マイルドオイルクレンジング 400ml 1,186円+税／無印良品 池袋西武

メイクはきちんと落としたいから、オイルタイプでしっかりとオフ。オイルクレンジングも潤い重視でアイテムを選んでます。

STEP 2 洗顔はしっかり泡立てる

肌が潤う泡立ち抜群の植物石鹸。ガミラシークレット ゼラニウム 約115g 2,300円+税／シービック

洗いあがりがしっとりする洗顔料をセレクトしたら、ボリューミーな泡になるまで泡立て、泡で触れるよう優しく洗顔。

STEP 3 ハンドプレスで保湿して

化粧水、乳液は絶対ハンドプレスして浸透させるよ。自分の手を使えば肌のゆらぎにも気づけるし、肌の状態にあったケアができる。

（左から）ライスフォース ディープモイスチュアローション 120ml 8,000円+税、ライスフォース ディープモイスチュアエッセンス 30ml 10,000円+税／共にアイム

STEP 4 リップケアはコレ1本！

スキンケアの最後や寝る前にリップケアをしています。唇に直接塗れるからケアも簡単♪ 乾燥やシワもなくなって、ぷっくりするよ。

角質を自然にオフしつつ、血色の良いうるうるリップへ。アンジェリップシロップ LOLIPOP 1,200円+税／baby+A

まつげパーマをしてるのでまつげケアは重要。定期的に違うものを使うと効果がより感じられる。

A B C D

＊マスカラタイプで塗りやすいまつげ育毛剤。アヴァンセ ラッシュセラム EX（医薬部外品）7ml 1,800円+税／アヴァンセ ＊リッチな潤いが浸透して、アイクリームとしても使える。フローフシTHEまつげ美容液 5g. ＊馬油100％&無香料で使いやすい。尊馬油 ソンバーユ無香料 75ml／共にモデル私物 ＊まつげにハリ、コシを与えるまつげ美容液。シーエスシー リバイブラッシュ 6g 5,730円+税／シーエスシー

○○なときのスペ

"キレイになれ"って思ってケアすることが私には大事で、
えてくれると思ってる。それはどんなときでも。忙しく

旅行のとき…

「オールインワンだから旅行のときに荷物がかさばらないし、保湿力も抜群なんです。こってりしてるけどべたべたしないし、メイクのりもGOOD！」

1つで多機能を装備。トリニティーライン ジェルクリーム プレミアム 50g 3,800円+税／ドクタープログラム

素早く肌に潤いを与える品

肌が疲れているとき…

「乾燥して肌が疲れたときはシートパックでしっかり保湿。コレは厚手で密着感があるのでお気に入り。プチプラなのに保湿力がバッチリ！」

〈上〉オールインワンシートマスク モイスト 7枚入り 330円+税、〈下〉同ホワイト 5枚入り 330円+税／共にクオリティファースト

デイリーに使いたい

疲れてすぐ寝たいとき…

「肌に合うのでずっと愛用してるMy定番アイテム。肌に必要な機能を凝縮した化粧液で、使い心地もみずみずしい。何回もリピートしてる。」

カサつきを抑えながら、明るく透き通るような肌へ導く。イプサ ME エクストラ 4 175ml 6,500円+税／イプサ

忙しいときの強い味方

角質が気になるとき…

「家に10本はストックしてるお気に入り。ピーリングって肌が乾くのも多いけど、コレは成分がナチュラルで余分な脂を取りすぎないのが良い」

角質をオフしてつるつる肌に。顔以外にもひじやひざ、かかとにも使える。ナチュラル アクアジェル Cure 250g 2,500円+税／Cure

時短ケアでつるつる肌に

美のモチベが上がっているとき…

「伸びの良いテクスチャーで目元に塗って優しくマッサージすると目がパッチリ大きくなる。朝のメイク前に使ってもメイクがよれないから好きなんです♡」

目元にハリ感を与える。キールズ アイセラム SP 15ml 5,600円+税／KIEHL'S SINCE 1851(キールズ)

目元ケアで美意識向上

シャルケアアイテム

目に見えないことだけど、愛情をかけてあげると肌は答えてもキレイになれる、結以的スペシャルケアを紹介！

Special time…

眠れない日が続くとき…

美肌には睡眠が大事だけど、ゴールデンタイムに眠れないことも多いのが現実。コレは塗るだけで7時間眠ましたっていう肌になれる画期的アイテム♪

夜用美容オイル。キールズ ミッドナイトボタニカル コンセントレート 30ml 6,000円+税／KIEHL'S SINCE 1851（キールズ）

塗って寝るともわ旨に

酵素パワーでクリアに！

毛穴が気になるとき…

酵素洗顔だから毛穴の汚れを落としつつ、さらに肌も引き締まる感じがする。毛穴がキュッとなるので、夏場や毛穴が気になったときに愛用してる♡

余分な角質もオフ。suisai ビューティクリアパウダーウオッシュ 0.4g×32個（オープン価格）／カネボウ化粧品

撮影期間が始まるとき…

撮影やイベント前はホワイトニングへ

撮影期間が始まる前やイベントの前にはホワイトニングに行くことがあります。何回か定期的に行っていたらかなり歯が白く明るくなった♥

あおばデンタルクリニック／東京都港区六本木7-15-10 クローバービル4F（フリー）03-5770-8461 11:00～21:00（平日）、10:00～17:00（土日）木・祝日 http://www.aobadc.com／

次の日スペシャルな約束があるとき…

高価なのでデイリーには使わずスペシャルなときだけ。普段はナチュラルなケアを心がけてる分、効果を発揮してくれる。アメとムチが大切です！

（上）フェイシャル トリートメント マスク 1枚 1,700円+税（編集部調べ）、（下）ホワイトニング リース ダーム・リバイバル マスク 6枚入り 10,500円+税（編集部調べ）／共にSK-Ⅱ

大事な撮影一週間前の愛用

白×赤のガーリーポップネイル♡ 甘くなり過ぎないようにグリッターやブラックで辛さを追加させるのが結以流♪

ネイルチップ製作／梅田店 平野望さん

向こう側がキラキラと
乱反射する小窓付き♡

ホロを散りばめた
花びらと破片ネイル

指先からあふれる
LOVE LOVE LOVE♡

パープルピンクに
上品とエッジが融合

もろく、儚いムーン
ストーンネイル

セーラーマーズは
永遠に憧れの存在♡

Meets to 女っぽネイル
girly nail

ネイルはデザインやカラーを細かく考えるのが楽しい。こだわり過ぎて「malva」には〝結以ピンク″というカラーが存在するんです♡

もやもやスモークに
かわいいを詰め込んで

繊細で神秘的な
春らしい淡ネイル♡

パールピンクに
一粒のハートをオン♡

ラブレターにのせて
パールmeetsグリッター

ゴールドの輝きに満ちた
ヴィンテージローズ

nailsalon malva

ネイルはもうずっと森さんにお願いしてる♡　私の細かいお願いにも一緒にとことんこだわってくれるんです。ネイル愛にあふれているところも素敵♪

[住]非公開　[☎]03-5474-7955
[営]11:00〜21:00（時間外対応相談）
[休]不定休 ※完全予約制
[URL] http://www.malvanail.com

Meets to
Flastic Body

身体作りに一番大切なのは続けること。
日常的にできることを、時には自分を甘やかしつつ、
楽しみながら美ボディ作りに専念♡

細くてしなやか、だけど触り心地の良いBODY…♡

骨見せが重要。

鎖骨、腰骨、手首、足首など、
身体の中でも華奢な骨を見せることで、
丸みがあってもメリハリが出て見える。

身体はあえて出す！

ミニスカートやタイトパンツをはいて体型維持。
あえて小さいサイズの服を買って、
それを着られるように頑張る！

外食する日は
● 揚げ物は控える、
●● 時以降は食べない、
「ヘルシーメニューを注文する」
がマイルール。

とにかく水分をたくさん摂る。

最低1日2ℓ以上
飲むように心がけていたら、
代謝が良くなって自然と
汗をかきやすい身体になった。

ダイエットはアメとムチ。

ストイックにやりすぎると疲れるし、
続かないから楽しむことが本当に大切。

常に意識することが大切。

無理するのではなく、
日常でできる運動をする。
お腹に力を入れて腹筋を鍛えたり、
とにかくよく歩くことが大事。

デコルテまでが顔だと思って、
お肌のお手入れのときにしっかりケア。

理想は
丸みのあるやわらかで
しなやかな身体。

体重よりも見た目や触り心地の良さ重視♡

How to make yui's body?

結以が大切にしている３つのモノ。

結以ボディを作るために欠かせない３つの秘密をご紹介。
好きなモノに囲まれて女らしい身体を目指します♡

1 《 香りアイテム 》

ボディケアを楽しく続けるために、
好きな香りのアイテムをたくさん揃えてる。
気分に合わせて香りをチェンジ♡

a 華やかなローズの香りで癒し効果大。ロクシタン ローズ ベルベットボディミルク、b フローラルの香りに包まれながらしっかり保湿。ヴィクトリアシークレット ロマンティックウィッシュ ボディローション、c リッチでコクのあるテクスチャー。優しいお花の香り♡ ポール アンド ジョー ラグジュアリス ボディバター、d 濃厚なリンゴとバニラの甘酸っぱいフレーバー。ヴィクトリアシークレット パッションストラック ボディローション、e 肌を引き締め、ハリのあるボディをメイク。クラランス クレーム マスヴェルト、f 結以がプロデュースのクリーム。べタつかず香り長持ち♪ ABL Collection パフュームボディクリーム フルーツフルブーケ、g 同 スウィートバニラ、h 同 ロマンティックアンバー、i 優しいデイジーの香り。塗ると身体がキラキラ輝く細かいラメ入り♡ マークジェイコブス デイジー ルミナス ボディローション／すべてモデル私物

2 《 サロンでの癒し 》

ナチュラルファースト
高校の時からずっと通っていて、顔＆ボディをWでやってもらってる。施術後は驚くほどむくみがとれてスッキリ！ 月に一度の楽しみなんです♡
東京都港区高輪3-25-27 アベニュー高輪1209 ☎03-6450-4746 11:00〜21:00（土曜は〜19:00、日曜・祝日〜18:00）なし（年末年始をのぞく） 小顔フェイスフレーム矯正（60分）9,504円〜 URL：http://beauty.hotpepper.jp/kr/slnH000338596/

ELENA
オイルマッサージなので癒し効果抜群で気分転換にも最適！ 即効性があるので「yuitopia」の撮影前にも行って、身体の最終調整をしました♡
東京都渋谷区恵比寿南3-7-10 グランドメゾン代官山 11:00〜22:00 火曜 スタンダードトリートメントコース（60分）16,000円〜 URL：http://elena-salon.com

大事な撮影の前、疲れがたまったときに行くサロン。痩身効果だけじゃなく、ゆっくりリフレッシュできる最高の空間。

3 《 スペシャルケア 》

「もういいや」じゃなく、
「あとこれも」という精神で使う
プラスワンアイテムが意外と大事。

〈左〉ボディケアアイテムを収納している愛用ポーチ。気分を高めるためには、見た目重視の小物も大切。Maison de FLEUR×菅野結以コラボポーチ、〈中央〉お洋服やバッグの中、シーツなどにも使えるリネンウォーター。ベッドまわりに吹きかけて癒されてる♡ ザ・ランドレス ファブリックフレッシュ レディ、〈右〉シュッとひと吹きすると、顔がキュッと引き締まる。大事な撮影前などの必需品。チャームツリー ルフターベースミスト／すべてモデル私物

ひとつ大きな夢を掴みにいくことは、たくさんの
"普通のしあわせ"を手放すことでもあるよ。
寝ること、遊ぶこと、食べることさえも、
当たり前に犠牲にしながらいつだって笑って。
気高く、美しく、笑って

やりたいことを楽しくやるために
やるべきことをちゃんとやるのよ

どうしようもなくかなしい夜に、
どうしようもなくかなしいんだって
打ち明けられる相手がいたら それだけで
人生大成功なんじゃないかとおもうよ

未開の地でワルツを踊ろう
においおうほうへいこう
専ら嗅覚を信じてる
今では目に見えるなにかより

夢のようなことばっか言って
夢のようなところにいよう
それで君が笑えるんなら
嘘も悪くはないでしょう

MEETS TO
結以bot.
— 結以が紡ぐ言葉たち

つぶやきは、日々のただのひとりごと。
思ったままにつらつら走り書いています。
こんな気持ちになった
今日、の備忘録。

つぎへ進むとき、
これまで一番だったものとはさよならだ
ちゃんと進むために
ちゃんと壊すのよ

どうして、わざわざ嵐の中へ？
その先にしかないドアがあるからだよ
どうして、苦しみながら潜る？
深海にしかない宝石があるからだよ
きれいなままじゃ見えないもの
そんなものにいつも いつも
突き動かされて 恋 焦がれて
また泣きながら夢をみる

正しすぎると色気がないんだ
うまくいきすぎてるものや、
完成されたものには
入りこむ余地がなくて俯瞰してしまうから
美しき不安定さが、
その隙間こそが自分のうたになる

どうでもいいと思えないのは、苦しい
どうでもいいと思えてしまうのは、悲しい

meets to
Ambivalent Fashion

相反するもの同士の化学反応❤

正反対の魅力を持つもの同士が合わさったときの美しさが
好きで、ファッションもそういう調和を楽しんでいるかも。
相反するアイテムをかけ合わせた結以的おしゃれ方程式をご紹介しちゃいます。

Rule:01

ヘンサムワンピ × ガーリーアウター

ダークテイストのワンピにはあえて素材や色みのかわいいアウターを。
カジュアルなのにどこか小悪魔チックなニュアンス漂う着こなしに。

**ロックなTシャツワンピを
もこもこ素材でラッピング**

Tシャツ12,800円+税／LABORATORY/BERBERJIN® コート34,000円+税／HONEY MI HONEY バッグ10,000円+税／EATME原宿本店 ブーツ8,200円+税／Crayme.

**同系色でまとめるときは
スニーカーでタフにハズす**

ワンピース、ライダースジャケット／共にモデル私物 スニーカー／スタイリスト私物

毒っぽさとガーリーが
同居するピンクロコーデ

Rule:03

ゆるボトム × レディトップス

カジュアルにまとまらないようにゆるボトムには女性らしいシルエットの
トップス選びが重要。メリハリが出るようにインするのが掟。

甘ピンクをクラシカルな黒で締める

レディ小物で大人フェミニンに昇華

大胆なオフショルと
透けプリーツで
フェロかわいく♡

ニット3,900円+税／one after another NICE CLAUP　チョーカー4,900円+税／LA BELLE ETUDE 渋谷マルイ店　ミュール17,500円+税／LILICIOUS(lilLilly TOKYO)　パンツ／モデル私物

レーストップス4,200円+税／mon Lily　ハート型バッグ7,500円+税／Crayme,　パンプス14,000円+税／Honey Salon by foppish (ハニーサロン)　ピンクワイドパンツ／モデル私物

ハートから覗く肌と
ピタピタシルエットに
胸キュン必至♡

Rule:04

ぴたボトム × BIGトップス

ボリューミーなトップスには色っぽアクセントのあるタイトスカートが
おすすめ。全体がすっきり&女性らしいラインへと導きます。

レースアップとペプラムで女っぽ♡

ペンシルスカートでIラインを構築

ペプラム付き黒タイトスカート13,000円+税／Crayme,　レースアップニット22,000円+税／HONEY MIHONEY　レースアップブーツ7,900円+税／REZOY　キャップ／スタイリスト私物

スカート13,000円+税／E hyphen world gallery BonBon ラフォーレ原宿　MA-1 18,000円+税／EATME 原宿本店　Tシャツ12,800円+税／LABORATORY/BERBERJIN®　ミュール11,900円+税／merry jenny

Rule:05
夏でもモコモコ

夏にあえてのモコモコがかわいい♡ 暑苦しく見えないものに、大胆なファーを取り入れてオールドエイジコーデに。眠気やや小悪魔&紹介的に

危うげな甘さ漂う 透け×ふわふわ

ファー付きピンクキャミソール14,800円＋税／Fallin' 白ワイドパンツ9,800円＋税／LA BELLE ETUDE 渋谷マルイ店 2連ネックレス ※11月発売予定 3,500円＋税／Honey Salon by foppish（ハニーサロン）パンプス¥7,200＋税／Crayme,

ドリーミーなラベンダーと ホワイトの共演♡

ピアス4,200円＋税／Honey Salon by foppish（ハニーサロン）フェザー柄ホワイトオールインワン、ニットカーディガン／共にモデル私物 ホワイトファーミュール／スタイリスト私物

スポーティーMIX こなれ感のある着こなしに

ふわりと揺れるイノセントなオールホワイト

黒レースで洗練されたレディフォルムを構築

透け感でレイヤードも楽しめるモヘアコーデ

Rule:06

冬でもすけすけ

着こみがちな冬だからこそ、不意打ちな透け感にドキッ♡
モヘア・レース・チュールからさりげなく覗く肌で色っぽさとヌケ感を主張して。

LACE TOPS

Craymeの キャミソール

Craymeの ドレストップス

Flamingoの フリルトップス

ROのブラウス

っぱい詰まったリアルクローズを大公開♡

closet ♥♥

が集まっているクローゼットは、まさに趣味の空間。数あるワード
宝しているMyスタンダードをキーワード別にご紹介します。

HELLのTシャツ

FINEstの BIG Tシャツ

ROCK T-SHIRTS

Craymeの レースガウン

Craymeの シフォンガウン

Craymeの レース×シフォンガウン

Long Gown

Yui's Lover Shop

お洋服にアクセサリー、ランジェリーまで。結以がリアルに通っている
全国の大好きなショップ＆ウェブショップを特別に教えちゃいます。

※掲載商品は販売が終了している場合がございます

the Little Vicious ［ザ・リトル・ビシャス］

思春期の少女のような甘さ・かわいらしさ・危うさを閉じ込めたランジェリーが勢揃い。肌触りも良く、身にまとうだけで幸せな気分に浸れます。

Instagram：thelittlevicious_official
ONLINE SHOP：
https://thelittlevicious.stores.jp
HP：www.thelittlevicious.com

①スカート 21,000円＋税、②ニットブラ＆パンツセット 20,000円＋税／共に the Little Vicious

mellow ［メロウ］

ハンドメイドのアクセサリー専門店。育成からこだわった植物を独自の方法で樹脂に閉じ込めた、1つ1つ表情の違うアクセサリーに心奪われます。

Instagram：mellowfukushima
住所：京都府京都市左京区松ヶ崎芝本町4-1 北山アトリエビル201
HP：mellow-fukushima.com

①イヤリング 7,900円＋税、②リング各 7,200円＋税／すべて mellow

Love ♡ Letter ［ラブレター］

コーデにガーリーなアクセントを添えてくれるアクセサリーが最高にロマンティック。女の子の好きが詰まったオリジナリティ溢れるブランドです。

Instagram：@love_letter_tokyo
ONLINE SHOP：
love-letter.ocnk.net
HP：love-letter-tokyo.com

①キーホルダー各 2,100円＋税、②イヤリング 2,800円＋税／共に Love ♡ Letter

MARTE ［マルテ］

1900～1980年代のアイテムを海外から直接セレクトしてきたヴィンテージブティック。時を越えても色褪せない、ロマンティックなかわいさにキュン。

Instagram：@marte_vintage
住所：東京都渋谷区神宮前6-6-11 ヴィラハセ2F
TEL：03-3797-3123
HP：marte.jp

①プリーツワンピース 13,000円＋税、②ビジューワンピース 18,000円＋税／共に MARTE

slow daikanyama ［スロウ 代官山］

女性の身体を美しく見せてくれるシルエットのドレスやヴィンテージならではの遊びゴコロのあるクラシカルな小物などが豊富に揃うショップ。

Instagram：@slow_daikanyama
住所：東京都渋谷区代官山町14-12 岡田リネンビル1F
TEL：03-3461-0228
HP：http://slowchino.wixsite.com/slow

①スカート 12,000円＋税、②ワンピース 14,815円＋税／共に slow daikanyama

LANIE ［ラニー］

ヴィンテージパーツを使ったものや、K18ジュエリーなど、個性的なアイテムが揃う。乙女ゴコロをくすぐるガーリーな商品が多数ラインナップ。

Instagram：@lniejvela
ONLINE SHOP：
//www.laniejvela.com
HP：laniejvela.com

①カラーリング 5,400円＋税、②シルバーリング 14,500円＋税／共に LANIE

meets to Create

何かを自分の手で生み出せるということは、この世で生きる何よりの希望だと思ってる。
プロデュースブランドCrayme,はその想いの結晶であり、結以そのもの。

菅野結以デザイン、ディレクション、
プロデュースブランド「Crayme,」。
危ういくらいの繊細さと
ドキッとするような大胆さ
イノセンスゆえのダークネス
夢のようにロマンティックなものには
いつだって毒が潜んで
そんな相反するものの共存、ウラハラな気分の同居を
ひとつの服に落としこみ表現しています。
インディペンデントなブランドなので、
デザイン画の作成から細かな修正、
ビジュアル撮影のディレクションや
商品説明のライティング…
ブランドに関わるほぼ全てのことを私が担当しています。
すべてのアイテムをゼロから自分で作っていくので、
ペースは遅いし型数も多くはありません。
ただその分ひとつひとつのアイテムに対する
愛情や熱量は並々ならぬものになって、
一着一着が自分の分身のようなもの。
着てくれている人を見ると、
いつまでも慣れずに泣きそうになる。
そしてまた、次を作りたいと思うんです。
服はアイデンティティを表すものでありたい。
そして人が袖を通したとき、心が少し前を向くようにと、
いつも願いをこめて作ってる。
22歳のとき、情熱だけで始めたこのブランドは
7年経った今も、わたしの純粋の象徴です。

About Crayme,

Crayme,のアイテムたち

〈左から〉ベルベッドカラーワンピース14,000円+税、ピンクランジェリーワンピース12,000円+税、ローズ刺繍入りハイネックニットトップス9,000円+税、チュール付きライダースジャケット18,000円+税／すべてCrayme,
Crayme,／http://www.crayme.com

2015年9月
×Swankiss

アパレルブランド「Swankiss」とのコラボ。ふわふわのチュチュワンピと、着るだけでコーデを格上げしてくれる柄ビスチェ。

＼チュチュワンピース／

＼柄ビスチェ／

2015年11月
×Swankiss

秋らしいクラシカルなワンピをプロデュース。定番の花柄から、猫、テディベアなど、ほかにはない珍しい柄が人気でした。

＼クラシカルワンピース／

2017年2月
×E hyphen world gallery BonBon

大好きなヴィンテージサテンを使ったランカミ♡ セットのトップスと合わせて着ればガールカジュアルな着こなしが可能。

＼インナーSET ランジェリーワンピ／

2017年3月
×LIZ LISA

ドリーミーな気分を高める星座柄＆チェック柄ワンピース。大好きなプラネタリウムの世界を表現できて嬉しかったな。

＼星柄ワンピース／ ＼チェック柄ワンピース／

2017年5月
×Swankiss

オーガンジー×コットンジャガードのドッキングワンピ。重厚感たっぷりな素材を使って最高にレディでクラシカルに！

＼バイカラーワンピース／

2017年9月
×Swankiss

プードルのようにかわいい、誰にも囚われない自分スタイルを表現。爽やかでかわいい、サマーワンピースをプロデュース♡

＼ブラウス＆ワンピース／

©Shinichi Sasaki (SIGNO)

2017年9月
×LIZ LISA

秋にぴったりのチェック柄ワンピース。ウエストリボンでガーリー要素もしっかりプラス♡ SHIBUYA109で発売イベントもやりました！

＼チェック柄ワンピ／

2017年10月
×LIZ LISA

2ヵ月連続で行った「LIZ LISA」コラボ。第二弾は透け感たっぷりのモヘアカーデや、ふわふわのファーコートなど女っぽアイテムがズラリ♡

＼ファーコート／ ＼カラフルカーデ／

2015年4月
×LIZ LISA

儚げでイノセントな雰囲気たっぷりの花柄ワンピや、永遠不滅のバレエモチーフを手掛けたよ。コーデを華やかにするバレッタは今でも愛用中。

＼花柄ワンピース／ ＼ローズバレッタ／ ＼バレエシューズ／

菅野結以
コラボの歴史

自分だけの発想で作るCraymeと違って、ブランドのイメージを考えながら作るコラボはまた違う面白さがあって大好き。どれも妥協なしで作った、大切な子どもたちです。

About Collaboration

2015年5月 × E hyphen world gallery BonBon

さらりと気張らずに着られる、ゆるっとシルエットのワンピース。胸元のロゴはイラストレーターaruneさんにオーダー♡

ワンピース／トートバッグ

2015年5月 × Swankiss

チュールをたっぷり使った可憐なワンピースを制作。ドット柄のチュール×フリルと、ヴィンテージ感のあるチェリー柄の2型。

チェリー柄ワンピ／オーガンジーワンピ

2015年10月 × LIZ LISA

究極ガーリーを表現したくて、透け、ふわ、もこの3つをワンピ、カーデ、コートに投入。スイート女子にはたまらないアイテムです♡

リボン付きワンピ／ファー付きコート／ハートボタンカーデ

2016年5月 × Swankiss

淡カラーで、タイトな女っぽワンピ。細部まで女の子がキュンとする細工を施しました♡一緒にスマホケースもデザインしたよ！

ベルト付きワンピース／スマホケース

2016年5月 × MoeA-Tokyo

華奢に揺れる繊細なピアスを作ったよ。ガールが愛してやまないハートと花びらのモチーフを付けて最高にキュートな仕上がりに♪

ハート付きピアス／チェーンピアス

2016年6月 × Amazon

制作期間なんと5年！完璧なものになるまでは出さないと決めて、ようやく完成。毎日持ち歩いちゃうくらいお気に入り♡

ボディクリーム

2016年7月 × Maison de FLEUR

ランジェリーライクなデザインにとことんこだわりました。小ぶりなローズにブラックフリルで、愛らしいディテールに。

バッグ

スマホケース／ミラー

Meets to BOOK

The broader my world will be

世界を広げてくれる本たち

小学校の頃から、休み時間は図書室にこもる文系女子でした。最近は漫画の魅力を再発見！愛読しています♡

MY BOOK SHELF
自宅の本棚からの一部。村上春樹、太宰治作品は一通り揃っています。サガンやモームなど不屈の名作から歌集までラインナップ。

『音楽』三島由紀夫著

三島文学の異色作。タイトルの音楽=musicではなく、やはりこの人の比喩表現は美しくてたまらない。女性の性の複雑な深淵に迫った作品。／新潮文庫

『ニシノユキヒコの恋と冒険』川上弘美著

女たらしで魅力的、ただ誰にどんなに愛されてもずっと孤独な主人公ユキヒコ。彼を好きになった複数の女性たち目線で語られる恋愛のお話。／新潮文庫

『ドリアン・グレイの肖像』オスカー・ワイルド著　福田恆存訳

不屈の名作。破壊的なまでに美しさに執着する、快楽主義の青年が主人公。美しさと醜さはいつだって背中合わせ。廃退美がすばらしい！／新潮文庫

『トーマの心臓』萩尾望都著

大人でも子どもでもなく、男でも女でもない。そんな透明で多感な二度と戻らない瞬間の無垢な愛がたっぷり詰まった漫画という形をとった文学。／小学館文庫

『ぼくたちは何だかすべて忘れてしまうね』岡崎京子著

10代の私は岡崎京子作品に、過敏な感受性をグラグラ揺さぶられながら、深く共鳴していました。脆く繊細な心を描いた美しい展開に注目。／平凡社

『愛のゆくえ』リチャード・ブローティガン著　青木日出夫訳

人生うまくいっているとは言えない人々が、自分で書いた本を持ち込み、好きな棚においていく図書館という舞台設定が素敵。／早川書房

『シンジケート』穂村弘著

私は本を出す度にこの人の歌集を紹介している気がする。私が短歌を好きになるきっかけとなった著者の原点ともいえる第一歌集。／モデル私物

結以が愛する美しい映画たち…

様々な角度からインスピレーションを与えてくれる、結以のフェイバリットな映画を映画・音楽・愛の3つのカテゴリーに分けて紹介。

MEETS TO BEA

love is not only a feeling. love is a duty. To commit you

Everyone does talk

PICTURE
美しい画

ベティ・ブルー
愛と激情の日々

「ベティ・ブルー/愛と激情の日々 HD リマスター版」2,800円+税/発売・販売元：ハピネット ©Cargo Films/Gaum ont All Rights Reserved.

ひとつひとつの画が大好きな映画。恋人たちの過ごした甘く激しく儚い時間は幼くて救えない。でもみっともないほど愛だった。

ヴィオレッタ

3,800円+税（DVD）、4,800円+税（Blu-ray）／発売：アンプラグド／メダリオンメディア／販売：インターフィルム

バロック、退廃美好きにはたまらない衣装と美術がすばらしい。いつの時代も芸術家はわがままで、孤独で、悲しくてきれい。

トゥ・ザ・ワンダー

「トゥ・ザ・ワンダー DVD」3,800円+税／発売・販売：東宝／DVD発売中 ©Les Productions Bagheera, France 2Cinema, Love Streams agnes b. productions

言えなかった言葉たちは自分と相手との間に漂って、いつか風になり、あなたの髪を揺らし、頬を撫でるのかな…的な切なさ。

ファクトリー・ガール

販売元：エイベックス・ピクチャーズ ©2006 Factory Girl,LLC./DVD発売中

光が強くなるほど影も濃くなって。時代のミューズと呼ばれた女の子が1人の男性に愛され駆け上がり、墜ちていくまで。

MUSIC
心に響く音楽

シング・ストリート
未来へのうた

配給：ギャガ ©2015 Cosmo Films Limited. All Reserved

夢中でいられる時間の輝きや、それぞれの若いややこしさや無謀さ。隅々にまで光をあてる監督の優しい視点に涙腺崩壊。

トレインスポッティング

「トレインスポッティング(DVD)」1,429円＋税／販売：ワーナー・ブラザース ホームエンターテイメント ©Channel Four Television Corporation MCMXCV

痺れる青春映画といえばコレ。音楽が最高で、UKロックにのせたスリリングなスピード感にゾクゾクする。続編も楽しみ！

ノッキン・オン・
ヘブンズ・ドア

2,500円＋税／発売：アスミック・エース株式会社　販売元：株式会社KADOKAWA

このラストシーンでぐっとこない人とは仲良くなれない、とすら思っている(笑)。「天国じゃみんな海の話をするんだぜ」。

in a sea at heaven.

LOVE
惹かれ合う2つの心

わたしはロランス　　アデル、ブルーは熱い色　　美しい人　　汚れた血　　トニー滝谷

普通や常識が正しいでもなく、愛さえあれば幸せでもない。その真ん中のリアルを徹底的に描いたドラン監督の最高作。

エマが個展に集まった人に「彼女は私の美の女神で、創造の源泉」とアデルを紹介する台詞が好き。この上ないな、と思った。

9人の女性の9通りの人生の中にある一瞬。みんないろいろ抱えながら生きている。それでも、すべての人生は美しいんだろう。

敬愛するレオス・カラックス監督。ものを作る上で彼の作品から受けた影響は大きい。解放や爆発を感じる、走るシーンが好き。

村上春樹「レキシントンの幽霊」収録の短編を映画化。静かで淡々としていて、流れる空気がじんわり胸に広がっていく。

Foxes in Fiction
Ontario Gothic
幽玄なるアンビエントドリームポップ。Crayme,の2015S/Sコレクション "seaside motel"の(勝手に)テーマソング♡

Yo La Tengo
Popular Songs
穏やかなる轟音。10曲目に収録されている「More Stars Than There Are In Heaven」を夏の終わりの真夜中に聴くのが至高。

The Cure
Disintegration
永遠のゴシックアイコン、ロバート・スミスの存在自体が愛おしい。ダークで甘美なメランコリアにどっぷりと浸る。

D.A.N.
D.A.N.
新世代のイチオシバンド。引きの美学を心得ているクールなメロウさは、ゆらゆらとマインドトリップできる内省的な高揚感。

The Velvet Underground
The Velvet Underground
ルー・リードが亡くなったとき、いても立ってもいられなくて1曲目に収録される「Candy Says」を題材に刺繍を施した服を作った。

Sigur Ros
Takk…
アイスランドの空気を携えた美しきひずみ。ジャンルを超越した神秘的な音楽。心を解き放ってくれる一生を共にしたい一枚。

Cocteau Twins
Treasure
神々しいほどの耽美的な恍惚感。毒を持った花のような、どこか危うげな美しさにくらくら。聴くだけで極上の陶酔感を味わえます。

THE YELLOW MONKEY
MOTHER OF ALL THE BEST
ロックスター。進路に迷っていた18歳の頃、「SO YOUNG」を聴いてこの仕事を、終わりのない青春を続けようと決意したっけ。
©Ariola Japan／BVCL-30015〜6
3,300円＋税

スーパーカー
スリーアウトチェンジ
初期のオルタナシューゲイズも中期からのエレクトロックも、甘く気だるい歌声も希望と諦めが混じる歌詞も全て私の青春。

MGMT
オラキュラー・スペクタキュラー+4
彼らの登場は鮮烈で、ドキドキした！クセになるサイケなサウンド、我が家のシンセサイザーでも「kids」をよく弾いて遊んだな。
©ソニー・ミュージックジャパンインターナショナル

loveless
My bloody valentine
小6でこのアルバムに出会って、人生が狂いました。雷がおちたような衝撃と、体内回帰を覚えるようなホワイトノイズ。シューゲイザーって肌に合う！と気付いてしまった一枚。

Meets to MUSIC
Which a life was changed.

人生において大切なことは大体、音楽が教えてくれた。
孤独に寄り添い、ほっぺたを叩き、心を解きほぐし、震わせながら
生活に繰り返し流れていた、厳選Yui'sサウンドたち

※クレジットがないものはすべてモデル私物です。

Radioheadを観にサマソニへ。夏フェスへの道中はいつも特別な空に出会える。

「SWEET LOVE SHOWER2016」。毎年ここの花火を見て私の夏は終わる。

今年のフジロックコーデ。FINEstのメンズものBIG Tをワンピとして着ました。

炎天下のライブを観終え、室内で一時休憩。アイスで身体をクールダウン♡

ロッキンジャパンの大トリ・イエモン終わりで見た花火！ た〜まや〜♡

@FUJI ROCK   @SUMMER SONIC

FES! FES! FES!

- CAP
- BIG T
- RAIN BOOTS
- BACK PACK
- FLOWER CROWN
- ONE PIECE
- CONVERSE

山奥フェスは本気モードな完全防備服がマスト♡

ショートパンツ13,500円+税／Crayme, キャップ、レインブーツ／共にモデル私物 その他／スタイリスト私物

デイリー服でおしゃれも楽しめる都心型フェス

オフショルダーワンピース15,000円+税／Crayme, 花冠／編集部私物 ハイカットスニーカー／スタイリスト私物

フジロックにはかわいいモニュメントがあちこちに！ 非日常感を味わえるよ。

大好きなRIDEの出番待ちatフジロック2015。夕空のエモさも野外フェスの醍醐味。

フジファブリック「若者のすべて」が胸に流れだすSWEET LOVE SHOWERの花火。

ロッキンジャパン名物、まるごとメロンソーダ♡ 毎年必ず食べています。

フジロックの夜。たくさんのキャンドルが暗闇に浮かんで、ロマンティック。

080

どんなに才能のある人より
それを一番愛した人が強い

　仕事に忙殺されて心を亡くしていた数年前のある夜、ふとつけていたラジオから流れてきた一曲に、ハッとした。それはフラワーカンパニーズの「深夜高速」という曲で、心の隅に押し固めて見えないようにしていた感情のかたまりを、ばんっと撃ち抜かれたようだった。そしてそれは自分で選んでかけた訳でもなく、たまたまラジオから流れてきた曲だったという偶然性が奇跡のように感じられたことも大きかった気がする。なんだか、世の中捨てたもんじゃないなって気になったんです。大袈裟だし単純だけれど、ひとりぼっちで戦っているような気がしていたところへ運命的に味方が現れた感動は、それくらい大きかった。ラジオってすごいなぁ。今日もどこかで運命の出会いを生んでは、誰かを救っているのかな。そう思うと、なんてドラマチックで夢のあるメディアなのだろう。それからわたしはそれまで以上にラジオをよく聴くようになって、いい音楽と出会うたびにメモをしたり、調べてはCDを買いに行ったりするようにもなりました。

　そしてわたしは今、TOKYO FMでラジオのパーソナリティをやっています。元々極度の人見知りで人の目を見て話すことすらままならなかった自分が、今では毎週ゲストを迎えて。ラジオで喋る才能なんてどう考えてもない人間だったけれど、ラジオと音楽と番組への愛情だけは誰にも負けない自信があって、それさえ持っていれば何だってできるってそう思ってオーディションを受けた。ど素人で何のスキルもない当時の私の、熱と愛を買ってゴールデンタイムの2時間生放送週2に抜擢したロックなチームの皆は、5年経った今も相変わらずのロックさで自慢の仲間たちです。

　DJとしてハンデだらけだった私はみんなが寝てる間も遊んでる間にも勉強して練習して反省して予習し続けた。好きなこと、やりたいことのためならそれが苦じゃないから、どんなに才能のある人よりそれを一番愛した人が強い。それを身を持って証明してみせるつもりです。

　あの頃の自分と同じように、ラジオの前には今日も無数の独りがいるはずで、そんな一人一人にちゃんと届くようにと心をこめて曲をかける。

　たった一曲との出会いが目の前の景色をガラッと変えてしまったり、絡まってた糸がすっと解けるきっかけになったり、特に弱った心には音楽って魔法にだってなりえる。

　自分がそれに救われてきたみたいに、今夜もきっとどこかで聴いてる誰かの心に革命をおこすべく、私はマイクの前に立つ。

MEETS TO Radio
人生を変えたラジオとの出会い

「好き」は何をも凌駕する。
極度の人見知りで人と話すことも苦手な女の子が
ラジオパーソナリティになるまでのお話。

結以がパーソナリティを務める番組はコチラ♡

RADIO DRAGON -NEXT-

インディーズ、メジャー問わず、新しく生まれた音楽を毎週お届け♡　ネクストブレイクアーティストをいち早く紹介している音楽プログラムです。

放送時間　TOKYO FMで毎週木曜日 26:00〜28:00 放送中

MEETS TO LONELINESS LOVE

「すべての仕事はただ、すきな子に褒めてもらいたくてやってる」

と、頭のきれる仕事人である友人が言って

それって、不純なようで最高にピュアな

モチベーションだなと思った。

例えばお金のためにこの仕事をして

あの人にかっこ悪いと思われたくないとか

例えば目に見える得はなくてもこの仕事をして

あの人によくやったねって言われたいとか

そう思える人がいることって

とても素敵なことだと思うんです。

長い間、仕事より大切なものなんてなかった

それはこの仕事が、初めて自分を肯定してくれて、

求めてくれて、初めて存在意義を

感じさせてくれたものだったから

でも大人になるたび、ひとりで感じられる幸福には

限界があることを知る

082

meets to Loneliness
結以の愛のうた

LOVE

いっぱいの裏影状抱えて死ぬ虚しさに気づく
なにを達成したってそう光が強くなるほど影も濃くなって
人は**孤独**であたりまえだし
完全に満たされることなんてきっと一生ない
だけど、**孤独**と**孤独**なふたりだから
こころとこころが通じ合えた瞬間がより尊く、
しあわせに感じられる
そう思ったら**孤独**も悪くないね。
いつかは誰もが**愛**を唄い、
愛に生きるんだろう

ラブイズオール、オールイズラブ！

Meets to Unusual Make

非日常のお遊びメイク♡

ファッションに合わせた遊び心のあるメイクを提案したかったのが、yuitopiaの裏テーマ♡ 誌面で登場したメイク法＆コスメをご紹介。

Use Item

aみずみずしい輝き。ジェリーアイカラーN 005 2,200円+税／ジルスチュアート ビューティ bの8種のグリッターカラーがイン。ルックミー ザ パレット グリッタークリーム アイシャドウ／編集部私物 cとろけるようなテクスチャー。リップグロス ピュア ルビーローズ 2,500円+税／ADDICTION BEAUTY

How to

アイホール全体にaを指で馴染ませて、まぶた全体をやわらかいピンク色に。bの下段の左から2番目の色を下まぶたの目尻1/3に少しのせる。まるでおもちゃみたいな大粒ラメでポップな印象に！ 仕上げはcでぷるぷるの唇に。

お遊び 2 メイク

BLACK MAKE

ブラックベースのスマッジなアイカラーとムラ塗りの赤リップで、グランジ風メイクに。飾りすぎない無造作なヘアスタイルで、よりこなれ度がアップ！

| How to |

毛足の短いブラシを使い、aのスモーキーなシャドーを上下のまぶたにオン。キワから外側に向けてササッと雑に伸ばしながら囲みメイクに。リップはラフに塗ってムラっぽく。ノンチークな白肌との対比で危ういアシッド感を演出して。

| Use Item

a スモール アイシャドウ ナイト ディヴァイン、b リップスティック オール ファイヤード アップ／共にモデル私物

お遊び 3 メイク

血色メイク

チークを頬ではなくアイシャドー代わりに使うのが、結以流血色メイク。
シアーなピンクリップとの相乗効果で体温を感じるメイクに♡

Use Item

a ホットレッドのチーク。ブラッシュ リベンジ 2,800円+税／ADDICTION BEAUTY　b みずみずしいチェリーピンク。ルナソル フリグラマーリップス 01 3,000円+税／カネボウ化粧品

How to

a をブラシに取って、二重幅のキワに伸ばす。アイホールに向かって少しずつぼかして、ナチュラルな血色感をアピール。目元に注目してほしいからチークは a をほんのり色づく程度にのせて。b を唇に塗って透け感をプラス。

お遊び 4 メイク

STAR MAKE

ヴァンプな唇に星のホロを散りばめてカスタム。グラマラスさと非日常が同居したメイクは、80's の歌姫からインスピレーション。

How to

aのダークレッドのリップにbでボリュームをプラス。全体に塗りつつ、中央はやや厚めにして立体的にするのがポイント。仕上げにcのホログラムを下唇に散らして遊びを利かせて!

Use Item

a b c

aマーク ジェイコブスビューティー キスポップ リップカラースティック スマック616／編集部私物　bルビーのような透け感がキュートな赤グロス。リップグロス ピュア ルビーローズ 2,500円+税／ADDICTION BEAUTY　cネイルのデコレーション用のホログラム／編集部私物

甘くてロマンティックな結以ギャルの作り方♡

当時のギャルメイクを忠実に再現！ 6年経ってもメイクのHow toは、身体がしっかり覚えてた(笑)。

お人形のようにドーリーな
束まつげ
とにかくまつげに命をかけてたなぁ。バサバサのつけまを付けたあとに、ピンセットでまつげ同士をキュッと寄せて束感を作ってたよ♡

色素薄めの
ベビーピンクリップ
リップは白みピンクというか、淡いベビーピンク色。クリーミーな質感は絶対で、発色の良さを何より重視してた。人間ぽさを極力消したドーリーリップ。

パステルカラーの
デコネイル
ネイルは今とは真逆！ 長さも長いし、大きいストーンを使ってデコってた。カラーも2～3色使いは当たり前！

ツヤ感ゼロの
鬼マット肌
肌はツヤとか潤いとかありえない、毛穴レスの鬼マット肌。チャコットのパウダーなどの3種類を調合して、究極のパウダーを自分で作ってたよ(笑)。

ガーリーな雰囲気になれる
青みピンクチーク
チークは青みピンクが鉄板。姫ギャル系は清楚な雰囲気は保ちつつ、肌をキレイに見せるカラーを愛用。頬の真ん中にしっかり発色させるのがポイント♡

「今でもギャル大好き！ 美学を貫くアウトサイダー」

もうギャルを卒業して6年が経つらしい。当時私は姫ギャルとか白ギャルって呼ばれていて、ガーリーでロマンティック、甘い服を着て肌も白いギャルだった。

ギャル時代の私は、コンプレックスの塊がゆえに、とにかくメイクに対するこだわりが強くて、日々美容を研究してた。そして自分の理想を形にしたくて行き着いたのが、自ら立ち上げたコスメブランド「Melliesh」。いろんな成分を研究して、自宅で夜な夜なそれらを調合しては試し、最高のものができたらそれをラップに包んで手書きの成分表と共に工場へサンプルとして提出する！ っていうこだわりよう。その頃からこだわり尽くさなきゃ気がすまない気質は変わってないなぁ。そんな感じで自然と「美容番長」って呼ばれるようになって。だけど、自分に自信さえあればそんな研究なんて必要なかったし、ずっと嫌で仕方なかった自分のコンプレックスが、結果的に自分の居場所を作ってくれた。マイナスの持つ力って、すごいんだよね。

ちなみに「Melliesh」は新しく「baby+A」というブランドに生まれ変わったけれど、その作り方や姿勢は当時か

ら何ひとつ変わっていません。ギャルを辞めて6年経った今でも、ギャルは大好き。彼女たちは誰がなんと言おうと自分の美学を貫くアウトサイダー。人の目より、自分の心に正直に生きてる。私もその精神は今も変わってなくて、それって「LARME」にも通じるところだと思ってる。だからどちらも愛おしい。

外見はきっとこれからも変化して大人になっていくけど、私の根底にはこれからもずっと、あの頃に培ったギャル精神があるんだろうなと、久々にギャルの姿になってみて、改めて思えました。

これからも変に自分を守らず、ギャルゆずりな攻めの精神で生きていくよ！

GAL FOREVER

4年間を振り返って
Yuitopia
全部見せ♥

002から始まった私のフェイバリットを詰め込んだ理想郷=ユートピアな世界をお見せする連載企画。撮影秘話と共に歴史をプレイバック！

第1回 Three Face

©Norikazu Hashimoto (f-me)

初の連載は結以が触れているモデル・デザイナー・音楽の世界を3変化で表現しました。

第2回 おさんぽ

©Yasuhisa Kikuchi (vale.)

真っ白なコーデに身を包んで、まるで天使のよう。目的を持たずに歩くお散歩が好きだとか。

第3回 フルーツ美容

©Maho Terada (LOVABLE)

いちごを片手に満面の笑みの結以。美容＆ダイエットに効果的な朝フルーツで実践。

第8回 Crayme, story

©Tomoki Kuwashima

デザイナーを始めたきっかけや服作りへの思いなど、2ページに渡り心境を語った内容が話題に。

第9回 プラネタリウム

©Akihisa Okumoto (kili office)

Ricco.さんの描く神秘的な星座のイラストと夜空カラーのワンピが最高にドラマティック。

第10回 レオス・カラックス

©Akihiro Ito (proof)

大好きな映画監督の作品"ポンヌフの恋人"の渦中にある燃えるポスターのシーンを再現。

第11回 GRのカメラ

©Tomoki Kuwashima

自分への誕生日プレゼントとして購入したカメラで切り取った刹那的な日常写真を披露。

第16回 気怠けメイク

©Syu Ashizawa (s-14)

色っぽい気怠けメイクは自分でも新しい発見に。連載の中でも反響の大きかった1枚。

第17回 ジザメリ

©Tomoya Nagatani (will creative)

大量のジザメリのポスターを背景に甘美的で危うい黒のランジェリー姿を披露しました。

第18回 女生徒
©Katsuyuki Masuda (SIGNO)

太宰治の作品の中でも特に好きな"女生徒"をオマージュ。目を惹く赤リボンが印象的。

第19回 Yui×Yui

©Yui Fujii

同じ名前を持つ、Fujii Yuiさんとのコラボシューティング。涙がでるほど美しい光彩やムードに心奪われました。

第4回 FUJI ROCK

©Norikazu Hashimoto(f-me)

生活の一部でもあるフェスについてがテーマ。コーデや必需品を詳しく紹介してくれました。

第5回 Yuiコスメ

©Ken Ogawa(will creative)

結以プロデュースの"baby+A"でフルメイク。赤ちゃん肌とプルプル唇はみんなの憧れ♡

第6回 PHOTO BOOK

©Norikazu Hashimoto(f-me)

初のフォトブックより。自身がセルフディレクションしたドレス姿の結以が儚く印象的。

第7回 baby+Aで作る、2つの顔

©Ken Ogawa(will creative)

"無垢で儚げ"なナチュラルメイク、"魅惑的で危うげ"なロリータメイクの二面性を表現。

第12回 ドリーム・ポップ

©Katsuyuki Masuda(SIGNO)

音楽のイメージに合わせてライブハウス&浮遊感のあるやわらかい光の中で撮影したよ。

第13回 Flower EDEN
©Maho Terada(LOVABLE)

念願だったedenworksの篠崎恵美さんとの初共演。素敵すぎる花々の撮影に終始感動。

第14回 アイスクリーム

©Shun Yokoi(t.h.i.d.a)

365日、年中無休でアイスを食べている結以おすすめのフェイバリットアイスを紹介！

第15回 ピンク色の朝焼け

©Shinichi Sasaki(SIGNO)

背景の朝焼けはプロジェクターを投影して撮影。儚げで美しい女の子を表現しました。

第20回 FACTORY GIRL

©Katsuyuki Masuda(SIGNO)

映画"FACTORY GIRL"のヒロインを熱演。金髪のショートウィッグでなりきったよ。

第21回 朝

©booro(BIEI)

朝のゆるい雰囲気を再現するために寝起き風メイク&メンズもののシャツでほんわかに♡

特別版も出ました♡

007の特別版として出したフォトブックは色んな菅野結以がいっぱい詰まった濃い仕上がりに。
©Tomoki Kuwashima

みんなからの質問

菅野結以

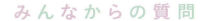

SNSでみんなから質問を大募集！
結以のすべてをNGなしで、

Q. 結以ちゃんが考える女子力って何？

品と色気と遊び心。品があるのは大事だけど、正しいだけだと色気がないし、ユーモアがないとつまらない。この3つを兼ね備えた女性は最高！

Q. どうやって感性を磨いてきたの？

特に10代の頃は意識的にたくさんのカルチャーや芸術に触れにいってた。誰が決めたのかもわからない謎のルールに従うより、物事を自分で正しく判断する目を養いたいと思って。

Q. 落ち込んだときの気持ちの切り替え方を教えて！

失敗はすべていい経験。悲しいまんまじゃ報われないから自分の手でひっくり返す！　と悔しさを明日への情熱に変える。

Q. 結以ちゃんファンの私たちに名前をつけて♡

「結以fam」
昔から一部のファンのこたちがこの名前で活動してくれていたんだけど、最近はすべてのみんなを含めた総称として勝手に使ってる♡

Q. ストイックに頑張れる理由は？

悔しいから。自分に対して満足できたことがないから、このままだと悔しい、次こそは！　ってやってきたすべてが今に繋がってるなあと思います。

Q. 煮詰まったときのリフレッシュ方法を教えて！

アイスを食べる。
自分を甘やかして脳をご機嫌にさせる♡

Q. 結以ちゃんにとってファンはどんな存在？支えになれていますか？

原動力。愛の矛先。
言わずもがな！

Q. 幸せを感じるときって？

アラームをかけずに寝られるとき。あとは、本やブランドのコレクションを発表したとき、それが人の手に届いて喜んでもらえたときは最高に幸せだし、全部報われた気持ちになる。

Q. 結以ちゃんらしくいられる秘訣って？

ぶれないねってよく言われるけど、それはあんまり周りを気にしないからかもしれない。世間の正しさより自分が思う美しさで生きよう、というのは常に思ってるよ。

一問一答

にお答えします♡

私生活や恋愛事情まで
包み隠さずお答えします♡

Q. これだけは変わらないな〜って思うことって?

ビジュアルとハートの整合性の無さ。見た目でゆるふわな子かと思ってたら、中身がただのパンクスだと昔から言われがち。

Q. 人と関わるときに気を付けていることって?

閉じないことかな。相手に心を開いてほしいと思ったら、まず自分から開く。私はラジオの仕事を始めるまで大体閉じてたけど(笑)。

Q. 今後作ってみたいなって思うものってある?

いっぱいある！ 昔からスキンケアはいつか作りたくて、あとランジェリーも。かき氷のプロデュースもしたい♡

Q. "作る"という仕事で一番大切だと思うことは何?

常識にとらわれず、自分の美学を持つこと。自己満足にせず、結果にもこだわることも大切だと思う。

Q. 若いときにした方が良い事って?

苦労！ 若いときに苦労しておくと、あれ乗り越えられたんだからこれもいけるでしょ、とその後の大変な事態に動じなくなっていく。10代から叩き上げられてきてよかった。

Q. モデルの仕事に覚悟を持った瞬間ってある?

19歳の時。親が離婚して、母親を自分が養うって決めて東京へ呼んだ時に、もう自分ひとりの体じゃない、といろいろ覚悟を決めました。

Q. 人見知りの克服の方法を教えて!

ラジオのパーソナリティになること(笑)。毎回初めましてのゲストの方を迎えてトークするから、人見知りなんて言ってられず無理矢理克服！

Q. 夢を叶えるために大切なことって?

誰よりもそれを好きになること。どんなに才能がある人よりも、それを一番愛した人が一番強い！

Q. これがないと生きていけない！っていうものは何?

仕事。食べるためじゃなく、生きるために仕事をしてる。

Q. モデルを始めたきっかけは?

14歳のときに渋谷109の前で声をかけられて。私の誌面デビューはファッション雑誌「Hana*chu→」です♡

Q. もしモデルをしていなかったら何をしてた?

子どもの頃は、画家、作家、絵本作家になりたかった。でも今は、今モデル以外にしている仕事をしていたい。ラジオやブランド、音楽関係など。

Q. 頑張ったときの自分へのご褒美って何?

頑張ったときや、おめでたいことがあったときは**いいお寿司屋さんに行く!** だから行きたいお寿司さんのストックがいっぱいある♡

Q. 得意料理って?

鮭のちゃんちゃん焼きとビーフストロガノフ。いつも載せないけど一応料理します。

Q. 朝起きて一番にすることって?

二度寝。 1回目のアラームはブレ起きで、だいたい5分感覚にアラームをセットしてる。あの眠りと目覚めの狭間のまどろむ感じって気持ちいいよね。

Q. 落ち込んだとき行きたい場所って?

猫カフェ。 何にも考えずにかわいい猫たちとたわむれて癒されたい。

Q. 毎日欠かさずしていることってある?

なんだろ。あ、**音楽を聴く!** 毎日なにがあっても、どんな日でも、聴いてない日はない。

Yui's answer!

Q. カラオケで絶対歌う曲って?

YUKI、yen town band、尾崎豊など。曲は気まぐれ。ただもう2年ほどカラオケに行ってないけど。

Q. LINEのお気に入りのスタンプは?

「ウサギのような何か」。友達のtricotというバンドの中嶋イッキュウちゃんが描いた、なんか憎めないやつ。

Q. 最近撮ったお気に入りの写真を見せて♡

夏に行った「SWEET LOVE SHOWER」の天井。見上げたらかわいかったから思わず激写♡

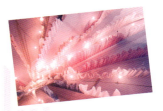

Q. 好きな色は?

オーロラと赤。

Q. おすすめの一人遊びを教えて!

閉館まで図書館で本を読んで、古本屋でたくさん本を仕入れ、家のベランダでその本たちをゆっくり読む。昔よくそうやって休日を過ごしてました。

Q. 1日の中で一番好きな時間はいつ?

日によるんだけど、仕事が早く終わって**外がまだ明るいと嬉しい。** 遅くまでの仕事でも、終わったあとに食べるアイスがあればそれだけで幸せ。

Q. お部屋はどんな感じ？

服とCDとコスメと本が部屋の大半を占めてるかなあ。

Q. 座右の銘を教えて！

「メメントモリ」。"死を想え"という意味で、明日死ぬならどうするかな、と考えると、とても正直でシンプルな答えがでる。

Q. 得意なスポーツは？

地上は苦手だけど、海底は得意♡ダイビングのライセンスも持ってます。

Q. もし大学生になったら何したい？

文化祭。人生で文化祭を経験したことがないから、バンド組んでライブとかしてみたい！楽しそう！

Q. 地球最後の日、何する？

好きな人たちとこたつで鍋。なんだかんだ人生悪くなかったねえ、とかほっこり言い合いたい。

Q. 今ハマっているものは何？

餃子。自分で皮から手作りもします。もちもちしておいしい。

Q. 結婚願望はある？

ずっと皆無だったけど、最近ようやく芽生えてきました。ただ、予定は全くもってありません。

Q. 1日お休みがあったら何する？

泥のように眠る。休みの日は休むことに専念します。

Q. 結婚論を教えて！

まだ結婚したことがないので、結婚観は語れない！まだ語っていい身分ではないというか。いつか語れるように頑張ります。

Q. 好きな男性のタイプを教えて！

バイタリティのあるロマンチスト。

Q. 30歳になった時、どんな人になっていたい？

自分にちゃんと胸を張って生きていたい。

Q. 死ぬまでに行ってみたいところは？

ウユニ塩湖。

**自分の尺度で物事を
考えられる人。**

カルチャーに詳しく博識。薄い美しい唇。
声、花のようなかわいさ。唯一無二。

by Yui Fujii さん（フォトグラファー）

「Popteen」の先輩ですが、
それ以外でお会いすることが多いので、
会う度に本当に幸せにしてくれる。
きっと本当の女神様なんだと思います…。
会うとまわりにほっとしたキラキラと優しさで
包んでくれるようなそんな方です。

by 越智ゆらのさん（モデル）

真面目です！

本当にどんなお仕事にも真剣に取り組み、
悩み、考えてファンに向き合っています。
どうしたらファンの人が喜んでくれるのか、
いつもそれを一番に考えています。

by 高橋和エさん（マネージャー）

公私共にお世話になっている結以ちゃん。
しっかりとした考え、プロとしての責任感を持ち、
自分の世界観も確立していて
本当に素晴らしいといつも思っています。

by 十倍直昭さん（Grimoire代表）

非常に真面目で
不器用なアーティスト。
嵐を呼んだり、巻き込まれたりしてる。

by 中村里砂さん（モデル）

ブレない人。

私が四国で高校生をしている頃（もう十数年前…）
に雑誌の隅で先輩モデルとして載っていました
結以ちゃんの頃からずっと変わっていない…。
今の中高生に支持されているのがすごくわかる。

by 大森靖子さん（シンガーソングライター）

猫っぽい人。 頑固で冷静で
美しくてかわいくて
周りにも流さずマイペース。自分を持っていて
好きなものをとことん愛している感じが。

by 斎藤梨菜さん（Crayme,デザイナー）

すごく印象的だったのは「Popteen」時代、
イベントが終わってみんなのお帰りの中、控え室に残って
自分以外の人の食べかけのお弁当やゴミを片付けている姿。
それを見て、本当に素敵な人だと思いました。
**心がキレイで優しくて努力家、
そしてたまにツンデレ。**
はぁ〜、たまらん!笑

by 河西美希さん（モデル）

傷つくか傷つけるかで言えば
傷つく方を選ぶなんだろうけど、
奪う奪われるかがあれば
奪う方を選ぶ人。 きっと。

by 金井政人さん（BIGMAMA）

与えられている全てのことに真剣に向き合い
**ひとつの信念を燃料にして
動いている人…** に見えます。

by 武瑠さん（SuG）

与えられている全てのことに真剣に向き合い
感謝できる人。
夏になる度、食生活が心配になる人。

by 福永圭祐さん（U-REALMスタイリスト）

出会いは「Popteen」で9年前。
分からないことだらけでしたが、
結以ちゃんの背中を見て、こんな人になりたい。
と思ったのを覚えています。〝ゆいっち〟の撮影時は
よくポージングや表情がシンクロしてしてして
Popを卒業したら良いお姉ちゃん＆お友達で
いつ会っても落ち着く存在です。

by 舟山久美子さん（モデル）

仕事熱心。
一緒に渋谷を歩いていることもよくお互いの仕事の話をします。
ショーウィンドウとかがあって、結以ちゃんとは唯一二度見した
スカートが飾ってありました。そこには見たこともないようなデザインの
インプットを続けているんだなと思います。きっと常にいろんなものに刺激を受けて
新しいことに挑戦し続ける姿勢や、求められている以上の
カタチに仕上げてやり遂げる姿はクール＆お友達リスペクトしています。
これからも大切にしたい友達です。

by RINA さん（SCANDAL）

頑固で繊細、かつとても気まぐれで
機械オンチな猫みたいな人。
独特の目の輝きを持っている人なんだとも
初対面の時から思っています。

by 石毛輝さん（lovefilm）

他の人と視点が違って、ひとつひとつに丁寧で妥協がない
完璧なイメージです。
見た目のガーリーさとは裏腹に軸がぶれずに芯があって、
尊敬する先輩の1人です。不思議でミステリアスな
イメージだったけど、実際に話すと温かくて包容力もあって
ついついみんなと話してしまったり、優しくてかわいくて
結以ちゃんから学ぶことが大切ですが。
本当に大好きです。

by 斎藤みうさん（モデル）

同世代で生きて、なにかを生み出すという行為で
リンクする。アウトプットの姿形は違うけれど、
きっと根底は似た元素で構成されているのかなと
勝手に思っています。シンパシーを感じる部分でも
あるのですが、多感な世代を活動し、結局
本当に著名さんぐらいいなのではないかといか思うような
そういった、私の持つ偏見ってちょっと壊すような
良い意味で予想を裏切ってくれる人間性がとても好きです。

by チューヒカル（アートメイクアーティスト）

結以ちゃんはずっと憧れの存在です。
中学生の頃は結以ちゃんのマネっこをしてばかりいました。
**全てが完璧で、ずーっと見て
いたくなるかわいに**魅せられていています！
そんなかわいい顔になれたら…結以ちゃんの写真を
よく眺めています。優しくてかわいくて、大好きな結以ちゃん。
おしゃれな結以ちゃん。

by 佐野ひなこさん（女優）

忙しいことを感じさせないくらい毎日ぬかりなく
かわいくて、知的で上品で引き出しが多くて
超努力家で、それでもちょっと小悪魔で
**こんな女の子誰だって
好きになるじゃん。**
と会うたびに思わせてくれる女の子。

by 東佳苗さん（雑誌編集長）

いつまでも挑戦をやめない姿勢と、
冷静でありながら情熱的な内面
がとても見かけ以上に興味深いいし本
希少であるのに、それ以上に中身が興味深い人は
本当に著名さんぐらいいなのではないかと思います。
そういった、私の持つ偏見をぶち壊すような
良い意味で予想を裏切ってくれる人間性がとても好きです。

by チューヒカル（アートメイクアーティスト）

探求＆追求の鬼

モデルでこんなにインタビューを
見たことがないってくらい。
一人遊びが好きで（笑）、多趣味でマニアックな
すべての物事に対する接し方1つ1つが"究"。

by中郡暖菜さん（エディター）

菅野はとても自由にどこまでも
羽ばたける人です。彼女から醸し出という
印象を受けたことは一度もありません。
晴れてようが曇りだろうとお得意の豪雨が降りと、ただそこに
いつだって菅野は深く深く、
生きている瞬間を深く深く刻んでいる、そんな感じです。

by遠藤歩さん（ブロンズスタイリスト）

一見全く関係なさそうな菅野結以ちゃんと私ですが、
結構話の合う友達。
勘違いじゃないといいんですけど……。
私は彼女の尋常じゃないマルチアングルな
視点から日々刺激を受けては安心する。
形にして表現することに恐れることない純粋さでそうなる人。
また表現手段の多彩さであるゆえに、一言で人に
紹介することができない。そんな人に。

by林月評長さん（ケダスの極みてな。）

結以ちゃんは話せば話すほど、知れば知るほど、
どんどん魅力が溢れてくる女性です。
自分の恋がしっかりとあって、何事にも妥協せず、
次の道へ美しいと思える道を選んで進んでいく。

byKUNIKAさん（スイーツアーティスト）

ほわほわ乙女なのに実はサバサバしている。

ずっと一緒に飲みたくて、念願叶って乾杯
できたときはあまりのギャップにやられました（笑）
また乾杯しましょう（*^o^*）！！！！！

byあいにゃんさん（Silent Siren）

何事に対してもアグレッシブ！

何事に妥協しない、どんな行動をかけてでも
良い物を作ろうとする方なので、
倒れちゃうんじゃないかっていつも心配しています（笑）。
でもそこまで貪欲すぎて熱い結以ちゃんは、
かっこよくて尊敬できる女性です。

by林田沙綾さん（Swankiss プロデューサー）

最近、パンダが絶滅危惧種から外れたらしいのですが、
結以ちゃんって絶滅危惧種ですよね。
こんなに一生懸命な人って絶滅寸前。
「これくらいでいいや」ってのがない。
バンダより貴重。

by小林弘幸さん（TOKYO FM/RADIO DRAGON-NEXT.）プロデューサー

正しいことを正しいと言える人。

女子特有の、噂話とか評判とか、そういうのに左右されず、
細く美しいまみたいな人。外見も話し方もほんわか
かわいいけれど、良い意味で好き嫌いの境界線が
しっかりあって、ブレないなあって。

by森絵里香さん（malva ネイリスト）

流れの速い川の中を人知れず水の中に根を下ろして立っている
自分の正しいことを正しいと真っ直ぐに言える人。
本当はそういうことが自分は得意になる、ということも
ファンや大切な人の為になることなら、そちらを優先すること
とにかくパワーがすごい！

by鳥沢史仁さん（イラストレーター）

菅野結以って、こんな人♡

周りの親しい人たちだけが知る結以の結以の
素顔の結以が浮かび上がります。

結以ちゃんはとっても奥が深い人！

僕には、女性の友達はほとんどいません。
最初は友達になれると思いはしませんでした。さすがに、結以ちゃんと。
普通に日常生活を送っていると飛び交わさないような（世間的にはマニアックな）
ミュージシャンの話を、彼女は沢山知っています。とても楽しそうに、嬉しそうに。
綺麗な女の子の中にある、無邪気な少年のような年代のものを感じました。
野球帽をかぶっているようなニコニコしている結以ちゃんが大好き（'o'）。
僕が彼女に心を開いたのは、それがきっかけなのかもしれません。

by小林祐介さん（THE NOVEMBERS）

結以ちゃんはとってもたくさんあって尊敬します。
詳しいものがたくさんあって尊敬します。
感性が豊かって、結以ちゃんの紡ぐ言葉の一つ一つが
いつも素敵なくらいできてきます！
知的でかわいくて優しい結以がずっと私の憧れで。
これからもずっとずっと憧れな私。

byゆかるんさん（Silent Siren）

愛の塊 天まで届く心
孤高の寂しがり屋

負けず嫌いな女
威風堂々としたかわいさ
それを人は"ロック"と呼ぶんだぜ！

by森田太一さん（TOKYO FM編成制作局コンテンツ開発特命担当）

嫌なところを思い浮かべられない。

ヘタな言い方をすれば愉快になってしまうけど、
本当にそんなことばかりが真っ先に浮かんでしまうほど
愛が深くて、強くて、大きくて、真っすぐな人。
とにかく何もかもを想っていて、素敵にできるん。
ああ、どうしよう、好き！しかし浮かんでできません。

byアリスムカイデさん（モデル）

― Meets to you. ―

さいごの "meets" は、あなた
あなたに会いたくて、この本をつくりました。

たまたま同じ時代を生きて
あふれる選択肢のなかから
偏ったここへ 辿りついた あなたとは
不思議な縁を感じずには いられません

いいときも 悪いときも。そんな風に
どこかで 見ていてくれる人がいたから
もがきながらも 今日まで続けてこれました。

見つけてくれて ありがとう

おかげで 懲りもせず 飽きもせず
まだまだ 夢見ることを やめられそうにありません

これからも 大人になるたび
大人げなく生きていこうと思います

自由に。無邪気に。愛が向く方へ！

2016.10.06 菅野結以

Fashion Bland List

▲ cover ／ P012-013 ／ P018-019
ワンピース12,000円＋税／Crayme, ピアス5,800円＋税／MocA-Tokyo インナー／スタイリスト私物

▲ P002-003 ／ P100-103 ／ P085
パンツ12,000円＋税／LA BELLE ETUDE 渋谷マルイ店 ピアスセット6,500円＋税／MocA-Tokyo チョーカー2,000円＋税／BERETY (shivire TOKYO) その他／スタイリスト私物

▲ P014-017 ／ P020-021 ／ P105
ワンピース12,000円＋税／Crayme, ピアス4,200円＋税／Honey Salon by foppish（ハニーサロン） リング（人差し指）4,200円＋税、ツインリング4,500円＋税／共にMocA-Tokyo インナー／スタイリスト私物

▲ P022-023
トップス5,900円＋税／Rose Marie Seoir ラフォーレ原宿店 ピアス6,800円＋税／リング（人差し指）3,300円＋税、リング（薬指・上）2,800円＋税、リング（薬指・下）2,800円＋税／すべてMocA-Tokyo その他／スタイリスト私物

▲ P024-025
チョーカー付きトップス4,900円＋税／one spo その他／スタイリスト私物

▲ P028-029
キャミソール14,800円＋税／Fallin' ワンピース4,300円＋税／G2？ ピアス6,300円＋税、リング3,800円＋税／Honey Salon by foppish（ハニーサロン） その他／スタイリスト私物

▲ P030-031
ワンピース12,000円＋税／E hyphen world gallery BonBon（E hyphen world gallery BonBon ラフォーレ原宿） ピアス※11月発売予定 4,200円＋税／Honey Salon by foppish（ハニーサロン） リング（右・人差し指）3,800円＋税、リング（左・中指）3,300円＋税／共にMocA-Tokyo ネックレス／モデル私物 インナー／スタイリスト私物

▲ P033
オールインワン19,800円＋税／Fallin' ピアス4,800円＋税／MocA-Tokyo 月モチーフピン、ネックレス／共にモデル私物 ゴールドピン／ヘアメイク私物 その他／スタイリスト私物

▲ P033
ピアス4,500円＋税／Honey Salon by foppish（ハニーサロン） 頭に付けたファーピアス3,800円＋税、リング（右・人差し指）4,200円＋税／共にMocA-Tokyo ネックレス／モデル私物 その他／スタイリスト私物

▲ P034
ワンピース5,500円＋税／mon Lily その他／スタイリスト私物

▲ P035
リング（人差し指）4,200円＋税、リング（小指・上）2,800円＋税、リング（小指・下）3,200円＋税／すべてMocA-Tokyo ヘアピン／ヘアメイク私物 その他／スタイリスト私物

▲ P036
リング（右・薬指）3,300円＋税、リング（左・小指）3,200円＋税／共にMocA-Tokyo サングラス／モデル私物 その他／スタイリスト私物

▲ P037
トップス7,000円＋税／lilLilly（lilLilly TOKYO） ピアス4,800円＋税／MocA-Tokyo チョーカー2,500円＋税／BERETY (shivire TOKYO) その他／スタイリスト私物

▲ P037
トップス7,000円＋税／lilLilly（lilLilly TOKYO） ピアス1,700円＋税／Crayme, リング（右・人差し指）3,800円＋税、リング（右・薬指）3,300円＋税／共にMocA-Tokyo その他／スタイリスト私物

▲ P037
トップス7,000円＋税／lilLilly（lilLilly TOKYO） ピアス（アクセサリー5点セット）9,800円＋税、リング（人差し指）4,200円＋税／共にMocA-Tokyo その他／スタイリスト私物

▲ P037
トップス7,000円＋税／lilLilly（lilLilly TOKYO） ピアス6,500円＋税／MocA-Tokyo その他／スタイリスト私物

▲ P039-040
チョーカー5,600円+税／MocA-Tokyo　その他スタイリスト私物

▲ P044
ビスチェ7,000円+税／E hyphen world gallery BonBon（E hyphen world gallery BonBon ラフォーレ原宿）ヘアピン／モデル私物

▲ P042-043／P087
ピアスBOXセット9,800円+税、リング（右・薬指上）3,800円+税、Wアームリング（右・薬指下）2,800円+税、リング（右・人差し指）3,800円+税／すべてMocA-Tokyo　その他／スタイリスト私物

▲ P044-055／P084
キャミソール4,200円+税／G2？　ブラトップ／モデル私物　その他／スタイリスト私物

▲ P058-059
ワンピース15,000円+税／Crayme,　カーディガン23,800円+税／lilLilly（lilLilly TOKYO）バッグ4,200円+税／mon Liy　ソックス1,000円+税／ぼこ・あ・ぽこ 渋谷109店　サンダル／モデル私物　その他／スタイリスト私物

▲ P060／P088
ワンピース13,000円+税／Honey Salon by foppish（ハニーサロン）ジャケット19,800円+税／シューブリーム ララ ルミネエスト新宿店　ピアス4,000円+税／HONEY MI HONEY　ブーティ7,500円+税／Crayme,　その他／スタイリスト私物

▲ P061
パンツ12,000円+税、チョーカー2,000円+税、シューズ7,300円+税／すべてCrayme,　バッグ8,000円+税／EATM原宿本店　トップス、ブレスレット／共にモデル私物　その他／スタイリスト私物

▲ P061
ニット4,900円+税／one spo　スカート、チョーカー／共にモデル私物　その他／スタイリスト私物

▲ P062
Tシャツ7,000円+税／Crayme,　チョーカー2,000円+税／BERETY（shi,ire TOKYO）　ピアス／モデル私物　その他／スタイリスト私物

▲ P063
ワンピース14,000円+税／Crayme,　頭に付けたピアス3,800円+税、ピアス6,500円+税、リング（右・薬指）4,200円+税／すべてMocA-Tokyo　その他／スタイリスト私物

▲ P063
チョーカー付きニット10,800円+税／lilLilly（lil Lilly TOKYO）パンツ18,000円+税／HONEY MI HONEY　ポシェット7,900円+税／シューブリーム ララ ルミネエスト新宿店　シューズ5,900円+税／R&E　その他／スタイリスト私物

▲ P063
キャミソール2,900円+税／one after another NICE CLAUP　ニット5,900円+税／one spo　チョーカー2,200円+税／Crayme,　ソックス1,000円+税／ぼこ・あ・ぽこ 渋谷109店　パンプス15,000円+税／Honey Salon by foppish（ハニーサロン）スカート／モデル私物　その他／スタイリスト私物

▲ P072-077
〈結以〉コート25,000円+税／E hyphen world gallery BonBon（E hyphen world gallery BonBon ラフォーレ原宿）ブラトップ3,000円+税／ぼこ・あ・ぽこ 渋谷109店　イヤリング6,000円+税、ネックレス6,000円+税、リング4,100円+税／すべてLANIE　その他／スタイリスト私物（メンズ）Tシャツ12,800円+税／LABORATORY/BERBERJIN®

▲ P078-079／P086
Tシャツ12,800円+税／LABORATORY/BERBERJIN®　その他／スタイリスト私物

▲ P082-083
シャツ15,000円+税／HONEY MI HONEY　ブラトップ3,300円+税、ショーツ1,900円+税／共にぼこ・あ・ぽこ 渋谷109店　ブレスレット5,300円+税、リング4,100円+税／主にLANIE

Shop List

R&E／03-3477-5016

RMK Division／0120-988-271

アイム／0120-593-737

アヴァンセ／03-3403-3817

赤城乳業／0120-571-591

ADDICTION BEAUTY／0120-586-683

アルビオン／0120-114-225

アルファネット／03-6427-8177

EATME 原宿本店／03-3486-5128

E hyphen world gallery BonBon／ラフォーレ原宿 03-3746-0833

イヴ・サンローラン・ボーテ／03-6911-8563

イプサお客さま窓口／0120-523-543

SK-Ⅱお客様相談室／0120-021325

MiMC（エムアイエムシー）／03-6421-4211

msh／0120-131-370

オズ・インターナショナル／0570-00-2648

オブ・コスメティックス／03-3216-8277

カネボウ化粧品／0120-518-520

KIEHL'S SINCE 1851／03-6911-8562

祇園辻利 東京スカイツリータウン・ソラマチ店／03-6658-5656

Cure／0120-111-344

クリニーク お客様相談室／03-5251-3541

クレイツ／0120-259-012

Crayme,／info@crayme.com

コスメキッチン／03-5774-5565

ゴディバ カスタマーサービス／0120-11-6811

サンマリーノコレクション／0120-980-535

シーエスシー／0120-288-677

G2?／03-5786-4188

シービック／03-5414-0841

shivire TOKYO／http://shiviretokyo.thebase.in

ジェイ・ウォーカー／0120-550-665

資生堂お問い合わせ先／0120-30-4710

資生堂薬品 お客さま窓口／03-3573-6673

シュープリーム ララ ルミネエスト新宿店／03-6380-0577

ジルスチュアート ビューティ／0120-878-652

スターバックス コーヒー ジャパン／03-5414-5851

スタイルクリエイションジャパン／0120-677-675

THREE／0120-898-003

DAZZSHOP／0120-952-438

タリーズコーヒージャパン／03-3268-8282

トリニティライン／0120-022-622

ネイチャーズウェイ お客様相談室／0120-060-802

ハニーサロン／03-5410-3538

HONEY MI HONEY／03-6427-4272

パルファム ジバンシイ お客様窓口／03-3264-3941

Fallin'／03-6418-4640

baby+A／http://baby-a.jp

ヘレナ ルビンスタイン／03-6911-8287

ポーラお客さま相談室／0120-117111

ポール&ジョー ボーテ／0120-766-996

ぽこ・あ・ぽこ 渋谷109店／03-3477-5006

ミルボン お客様窓口／0120-658-894

無印良品 池袋西武／03-3989-1171

メゾン ド フルール／0120-806-008

merry jenny／03-6840-5353

MocA-Tokyo／info@moca-tokyo.jp

モロッカンオイル ジャパン／0120-440-237

mon Lily／072-761-9339

LANIE／info@laniejvela.com

LA BELLE ETUDE 渋谷マルイ店／03-6416-5554

LABORATORY/BERBERJIN®／03-5414-3190

ランコム／03-6911-8151

REZOY／03-3477-5055

リュミエリーナ／0120-710-971

lilLilly TOKYO／03-6721-1527

レ・メルヴェイユーズ ラデュレ／0120-818-727

RoseMarie seoir ラフォーレ原宿店／03-6447-0778

ローラ メルシエ／0120-343-432

one after another NICE CLAUP／03-6418-4640

one spo／03-3408-2771

菅野結以
YUI KANNO

1987年10月6日生まれ。千葉県出身。
「LARME」のレギュラーモデル。
アパレルブランド「Crayme,」デザイナー、
コスメブランド「baby+A」プロデューサー、
ラジオのパーソナリティなども
務めるマルチプレイヤー。

BLOG
http://ameblo.jp/kanno-yui/

Twitter
http://twitter.com/Yuikanno

Instagram
https://www.instagram.com/yui_kanno/

公式LINE
LINEメニューの公式アカウントで「菅野結以」を検索してね

yuitopia off shot

アイス企画の撮影で使ったハート。実は結以ちゃんの身体がすっぽり入るくらいのBIGサイズでした！

アイス企画で結以ちゃんが持っていたアイス。編集アシスタントのYちゃんの手作り。クオリティ◎！

撮影中に大流行していたカメラアプリ「SNOW」。メイク中に自撮りして猫に変身する結以ちゃん♡

結以ちゃんの私服を借りてブツ撮り中。カメラマン、スタイリスト、編集の3人で配置を試行錯誤中。

恋人役を務めてくれたメンズモデルのフィリップと。MUSICの撮影はシド&ナンシーをイメージ。

メイク撮影にはカラフルなコスメがこんなに！ なんとこの日の撮影は深夜の2時まで行われました。

撮影場所のソファーでストレッチするスタイリストYさん。ファッション企画の撮影でお疲れモード。

6年振りにギャルに変身した結以ちゃん。当時のメイクや髪型を撮影の直前まで入念にお直し中。

撮影終了後のカメラマンTさん。疲労のあまり思わず床にダウン。みなさん本当にお疲れさまでした。

Staff

Photograph

tAiki ／ Yui Fujii ［P2~3、P6~11、P42~47、96~99、106~107］ ／ Miyuki Otake【Still】

Katsuyuki Masuda（SIGNO）

Styling

Aya Yagishita（J styles）

Hair&Make-up

YUZUKO

Design

Madoka Sato ／ Atsuko Furukawa ／ Yumi Arai（ATOM ★ STUDIO）

Edit&Text

Yuka Itakura ／ Misako Noguchi ／ Aki Sato

Thanks

Kazue Takahashi ／ Philip ／ HOTEL BRUGGE ／ EASE

菅野結以 STYLE BOOK

2016年10月31日　初版発行

発行人：金箱隆二
発行所：株式会社徳間書店
〒105-8055　東京都港区芝大門 2-2-1
URL　http://www.tokuma.jp
TEL　03-5403-4321（編集）
　　　048-451-5960（販売）
振替　00140-0-44392
印刷・製本：図書印刷株式会社

●本書の無断複写は著作権法上での例外を除き禁じられています。
　購入者以外の第三者によるいかなる電子複製も一切認められておりません。
●乱丁・落丁はお取り替え致します。

ISBN978-4-19-864280-8
©Tokumashoten 2016 Printed in Japan